I0796199

A Commitment to Architecture

Una vocazione per l'architettura

Fulvio Irace

UniFor

A Commitment to Architecture

Una vocazione per l'architettura

SKIRA

It was 1968, the year of great and definitive events that left their mark on consciences, cultures, populations, lifestyles, and consumer habits. That year, the name of which became the symbol of an era, was many things, including the ethics and aesthetics of *2001: A Space Odyssey*, a cult film on the identity of man and the role of knowledge, information access, and technology. In the midst of that cultural ferment, UniFor was ready and prepared to welcome the internationality and centrality of design as the foundation of development, in order to transform the visions of architects into public and private spaces, then objects, and finally, icons. The power of coincidences. From our workshop/observatory, we have accompanied the evolution of work throughout the world. We have dialogued with large corporations, with the contractors who built the contemporary landscape—the metropolises and the manufacturing complexes that have marked the economic history of the second half of the twentieth century—and with the architects, those creators of the shapes and spaces that define functions and transmit meanings.

We have experienced, in these fifty years, the time of organized work and the time of destructured work that expands into the personal sphere. We have witnessed the time of rigorous spatial layouts and the time in which space defines new worlds for other, more articulated, affiliations. Museums, theaters, libraries, and temporary installations have represented, with their demanding levels of technical, mechanical, and symbolic innovation, challenging contexts in which to invest the district's capital of intellectual and artisanal skills. We have embraced the future within the walls designed for us by Angelo Mangiarotti, and beyond those walls we have shared it with the intelligent supply chain that has permitted UniFor to develop not so much products but solutions. This supply chain is emblematic of "Made in Italy," an approach based on the formal and informal know-how that has made the Brianza district a paradigm of historical and contemporary intellectual capital. UniFor, with its networks, has been a world open to the world: for some it was a company, and for others, a factory, an incubator of endless experiments that have translated the momentum of ideas and the intelligence of function into efficient, beautiful, ergonomic, and distinctive forms. Everything took place in a subtle and smart chemistry of trust, vision and organization, starting from a cultured, meticulous, and passionate business community that is part of an industrial group made up of expertise, experience and reputation. Before the projects and before production, the challenge has consisted in understanding how to decipher the spirit of the times in order to interpret needs and desires, while at the same time practicing virtuous environmental, economic, and social sustainability policies.

We can never be thankful enough for the commitment and dedication of all those who have assured exceptional engineering and production, rigorous and incisive communication, quality of service, and managerial solidity. These fifty years represent the value of a perspective to be lived and a story to be told. Thank you.

Piero and Carlo Molteni

Era il 1968, anno di grandi e definitivi accadimenti che hanno segnato coscienze, culture, popoli, stili di vita e modalità di consumo. Quell'anno, diventato un nome, è tante cose, è anche l'etica e l'estetica di *2001: Odissea nello spazio*, un film di culto sull'identità dell'uomo, il ruolo della conoscenza, dell'accesso e della tecnica. Nel pieno di quel fermento, UniFor è pronta e preparata ad accogliere internazionalità e centralità del progetto come architravi fondativi dello sviluppo, per trasformare le visioni degli architetti in spazi pubblici e privati, poi oggetti, infine icone. Potere delle coincidenze. Da quell'osservatorio/laboratorio abbiamo accompagnato le evoluzioni del lavoro nel mondo, dialogato con grandi corporation, con contractor che hanno costruito il paesaggio contemporaneo – quello delle metropoli e quello dei compound manifatturieri che hanno segnato la storia economica del secondo Novecento – e con gli architetti, protagonisti con le loro intuizioni di forme e spazi che definiscono funzioni e trattengono significati.

In questi cinquant'anni, abbiamo vissuto il tempo del lavoro organizzato e del lavoro che si destruttura per allargarsi alla sfera personale, quello delle impaginazioni rigorose dello spazio e quello dove lo spazio definisce nuovi mondi per altre e più articolate appartenenze. Musei, teatri, biblioteche e installazioni temporanee sono stati contesti sfidanti dove investire il capitale intellettuale e manuale di un territorio per le sfide alte dell'innovazione tecnica, meccanica, simbolica. Abbiamo accolto il futuro tra le mura progettate per noi da Angelo Mangiarotti e, oltre quelle stesse mura, lo abbiamo condiviso con la filiera intelligente con cui UniFor ha sviluppato soluzioni prima che produzioni, emblema di quel Made in Italy fatto di conoscenza formale e informale che fa del distretto della Brianza un paradigma per il suo capitale cognitivo storico e contemporaneo. UniFor con le sue reti è stata un mondo aperto al mondo: per qualcuno la ditta, per altri la fabbrica, la factory, l'incubatore di sperimentazioni infinite che hanno tradotto in forme efficienti e belle, ergonomiche e identitarie, lo slancio delle idee e l'intelligenza della funzione. Tutto è accaduto in una chimica fine che ha combinato fiducia, visione e organizzazione, a partire da una comunità aziendale colta, precisa e appassionata che è parte di un gruppo industriale fatto di competenza, esperienza, reputazione. È stata una sfida del pensiero, prima che del progetto e della produzione, votata a decifrare lo spirito del tempo per interpretare bisogni e desideri, praticare virtuose politiche di sostenibilità ambientale, economica e sociale.

E davvero la nostra riconoscenza non sarà mai sufficiente a ricordare l'impegno e la dedizione di chi ha garantito ingegnerizzazione e produzione, comunicazione rigorosa e incisiva, qualità del servizio, solidità manageriale. Così, questi cinquant'anni sono il valore di una prospettiva da vivere e raccontare. Grazie.

Piero e Carlo Molteni

UniFor
A Commitment to Architecture
Una vocazione per l'architettura
by/di Fulvio Irace

Supervising editor
Responsabile editoriale
Francesca Molteni

Texts/Testi
Giovanni Anceschi
Cristiana Colli
Fulvio Irace
Jean Nouvel
Renzo Piano
Daniele Vitale

Editorial coordination
Coordinamento editoriale
UniFor
Carlotta Albezzano

Graphic design and layout
Progetto grafico e impaginazione
Pierluigi Cerri Studio
with/con
Roberto Libanori

Copy editor/Redazione
Emanuela Di Lallo
with/con
Roberta Busnelli
Valentina Marchetti

Translations/Traduzioni
Maureen Young
with/con
Maxima Service

Iconographic research
Ricerca iconografica
Carlotta Albezzano
Valentina Marchetti

Photo credits/Crediti fotografici
Aldo Ballo
Gabriele Basilico
Federico Brunetti
Mario Carrieri
Pietro Carrieri
Laurie E. Donald DBA
Marco Introini
Nic Lehoux (courtesy RPBW)
Antonio Martinelli

First published in Italy in 2019
by Skira editore S.p.A.
Palazzo Casati Stampa
via Torino 61
20123 Milano
Italy
www.skira.net

Nessuna parte di questo libro
può essere riprodotta o trasmessa
in qualsiasi forma o con qualsiasi
mezzo elettronico, meccanico
o altro senza l'autorizzazione scritta
dei proprietari dei diritti e dell'editore

© 2019 UniFor
for the texts and the images
per i testi e per le immagini
© 2019 Skira editore, Milano
Tutti i diritti riservati

All rights reserved under international
copyright conventions. No part of this
book may be reproduced or utilized
in any form or by any means, electronic
or mechanical, including photocopying,
recording, or any information storage
and retrieval system, without permission
in writing from the publisher.

Printed and bound in Italy. First edition

ISBN: 978-88-572-4071-8

Distributed in USA, Canada,
Central & South America
by ARTBOOK | D.A.P. 75,
Broad Street Suite 630,
New York, NY 10004, USA.

Distributed elsewhere in the world
by Thames and Hudson Ltd.,
181A High Holborn, London
WC1V 7QX, United Kingdom.

Finito di stampare
nel mese di marzo 2019
a cura di Skira editore, Milano

Printed in Italy

www.skira.net

Cover/In copertina
Aldo Rossi, *Parigi* armchair/poltrona *Parigi*
Photo Mario Carrieri

Back cover/Quarta di copertina
Angelo Mangiarotti, the UniFor
factory/lo stabilimento UniFor
Photo Gabriele Basilico

Contents/Sommario

A commitment to architecture

Fulvio Irace

Concentrated on winning the race, the runner looks straight ahead: he cares only about the finish line, not the starting point. The reporter has a different point of view. Sitting in the stands, he gives an account of the event and then, at the end of the race, he comments on the performance, reconstructing the wait, the sprint, the speed, and the duration.

Like a runner, a captain of industry rarely thinks about the past, except perhaps as a reference to do better in the future. At the beginning, his entrepreneurial story is always simultaneous—a continuous obstacle course, interspersed with technical pauses and training sessions. What counts is the quality of new ideas, his ability to break records. Thus he always imagines himself in motion, as if stopping to remember things past would only be a waste of time, or perhaps even an act of reprehensible vanity.

This is the work ethic that translates, in that sort of open-air factory that is the Brianza design district, into gruff reluctance on the part of those who are convinced that they have only done their duty, that they have done nothing more than obey a rule—an unwritten rule that has been practiced in industrious silence by generations of employers and workers, all together in that operose environment, maybe more mystical than legendary, that is the industrial shed.

In this sense, the history of UniFor, which is celebrating its first fifty years in 2019, is the same success story shared by many design companies that have built the Made in Italy legend. However, with one special difference—that calling to architecture which makes it, at the same time, quite idiosyncratic and out of the ordinary.

Una vocazione per l'architettura

Fulvio Irace

Impegnato a vincere, il corridore sul campo da corsa guarda solo in avanti: per lui importante è il traguardo, non il punto di partenza. Diverso il punto di vista del cronista: seduto in tribuna, fa il resoconto dell'evento e poi, alla fine della corsa, ne commenta la performance, ricostruendone l'attesa, lo scatto, la velocità e la durata.

Come un corridore, un capitano d'industria raramente pensa al passato, se non come riferimento per fare meglio nel futuro: la sua storia d'impresa, all'inizio, è sempre simultanea – una continua corsa a ostacoli, inframmezzata da pause tecniche e da sedute d'allenamento. Ciò che conta è la qualità del nuovo, la sua capacità di infrangere record: perciò si immagina sempre in movimento, quasi che fermarsi a ricordare ciò che è stato sia solo una perdita di tempo o, magari, addirittura un atto di riprovevole vanità.

È l'etica del lavoro che, in quella fabbrica a cielo aperto che è il distretto brianzolo del design, si traduce nella brusca ritrosia di chi pensa di aver solo fatto il proprio dovere, di aver obbedito a null'altro che a una regola – una regola non scritta ma praticata in operoso silenzio da generazioni di padroni e di operai, tutti assieme in quella realtà, quasi più mistica che mitica, che è il capannone industriale.

In questo senso la storia di UniFor, che compie nel 2019 i suoi primi cinquant'anni, è la comune storia di successo di tante aziende del design che hanno costruito la leggenda del Made in Italy; ma con una declinazione particolare, quella vocazione per l'architettura che la rende, allo stesso tempo, assai idiosincratica e particolare.

Where it all started: the factory and its satellites

Dove tutto ha inizio: la fabbrica e i suoi satelliti

Where it all started: the factory and its satellites

Where should the history of a company begin if not with the factory, where it all started? Behind the factory there is always a "Captain Courageous." And there is also almost always a family with the interweaving of generations necessary to ensure continuity over time. But those are private stories, voluntarily kept behind the scenes by their protagonists due to the reserve that always dwells in the thoughts of those who prioritize the objective reality of work: because long before any sort of economic calculation comes the satisfaction of creating something worthwhile.

The factory is the public expression of the company's commitment to the local community that sustains it, and in turn it consolidates the community's values, knowledge, and skills around itself. The factory is UniFor. The family is Molteni. And the land is Brianza, the natural setting of the Italian furniture industry, the golden triangle first of craftsmanship and then design, and the departure point of the industrialization of Italy, the foundation of the economic miracle of the postwar period.

When UniFor began its new adventure in the early 1970s, Molteni&C was already a well-established company with over a quarter-century of experience, headquartered in Giussano, not far from Milan. The man at the helm, Angelo Molteni, had successfully transported an artisanal operation to the scale of industrial manufacture, reaching leading positions in the furniture markets of Italy and the world. For an industrial entrepreneur, development is the *raison d'être*, and constant advancement ensures both survival and market dominance.

In a market in which everything began to move very quickly, in reaction to a society undergoing rapid transformation, Angelo understood that office furniture was the future: open-space planning was changing how people worked and the industry needed to find an effective and immediate response to the needs and comfort requirements of office workers. This gave him the idea of building a new factory, based on new production methods but above all on a new design concept. At the time, Molteni was very much impressed by the *Modulo3* system, designed by Bob Noorda and Franco Mirenzi and manufactured by the engineer Michele Casaluci, owner of the company by the same name that also made another innovative product, the *4D* modular system by the architect Angelo Mangiarotti.

Dove tutto ha inizio: la fabbrica e i suoi satelliti

Da dove dovrebbe cominciare la storia di un'impresa se non dalla fabbrica, il luogo dove tutto ha inizio?

Certo, dietro la fabbrica c'è sempre un capitano coraggioso. Quasi sempre anche una famiglia, con l'intreccio di generazioni necessario per assicurare all'azione continuità nel tempo. Ma sono storie private, tenute volontariamente dietro le quinte dai loro protagonisti, per il riserbo che sempre abita dentro i pensieri di chi ritiene prioritaria la realtà oggettiva del lavoro: perché il filo conduttore, prima di ogni calcolo economico, è l'etica dell'agire.

La fabbrica – lo stabilimento – è il manifesto pubblico di una responsabilità nei confronti del territorio, di cui si nutre e che a sua volta mette in movimento, attirandone attorno a sé competenze, valori, abilità. La fabbrica è la UniFor. La famiglia, i Molteni. Il territorio, la Brianza, scenario naturale dell'industria italiana del mobile, il triangolo d'oro dell'artigianato prima, del design poi, e punto d'avvio dell'industrializzazione del Paese alla vigilia del miracolo economico del dopoguerra.

Insediata stabilmente a Giussano (in provincia di Monza e Brianza, allora ancora di Milano), Molteni&C è già una realtà stabile e consolidata da più di un quarto di secolo quando, nei primi anni settanta, parte la nuova avventura di UniFor. Il condottiero, Angelo Molteni, ha saputo traghettare l'azienda artigiana trasformandola in una vera e propria industria, con posizione di leader nel mercato dell'arredo in Italia e nel mondo. Per un industriale, lo sviluppo è la ragione d'esistenza e il movimento è garanzia di sopravvivenza e supremazia. In un mercato in cui tutto comincia a muoversi in fretta, al seguito di una società in rapida trasformazione, Angelo intuisce che l'arredo per ufficio è il futuro: l'open space sta cambiando il modo di lavorare e l'industria deve trovare una risposta efficace e immediata alle esigenze e al comfort di chi lavora. Ecco dunque l'idea di fondare una nuova fabbrica, basata su metodi di produzione nuovi e soprattutto su un nuovo concept del progetto. Molteni è impressionato dal sistema *Modulo3* di Bob Noorda e Franco Mirenzi prodotto allora dall'ingegner Michele Casaluci, titolare dell'azienda omonima che, insieme a *Modulo3*, produceva l'innovativo sistema di componibili *4D* su disegno di Angelo Mangiarotti.

But in 1967, Casaluci's company was in financial trouble. Angelo Molteni bought the manufacturing branch and started producing the two systems, making use of both the company's historic headquarters in Giussano and the new temporary plant in Rovellasca. Casaluci was not only highly knowledgeable about the world of furnishings and of the architects who designed them, he was also the prototype of the new company man, precisely the kind of person the times required. His work experience in the United States and Canada, his language skills, and his knowledge of the international markets made him perfect for the company that Angelo Molteni had in mind—which he named, not by chance, UNIFOR EMME 3. The name UniFor alluded to Unimark International, the design firm to which Bob Noorda, Franco Mirenzi, and Massimo Vignelli belonged. EMME stood for Molteni. And 3 stood for Angelo's three sons—Piero, Carlo, and Luigi.

Casaluci was immediately appointed art director of the new company and would become one of the greatest architects of its success.

But now there was work to be done, and soon. A factory would have to be built in line with the new strategy and with the type of products UniFor intended to develop. At that time, the world of architecture was undergoing a fruitful evolution in terms of culture and technology. For the factory, it was a question of organizing a project method that would take into account the new requirements. They needed to develop systems in which the design of the individual components would become a way of dealing with modularity and prefabrication, both indispensable in order to reduce weights, increase manufacturing speeds, and shorten installation times, while at the same time always ensuring high quality standards.

Nel 1967 la Casaluci è in difficoltà finanziarie e Angelo Molteni si offre di acquisire il ramo d'azienda cominciando a produrre, tra la sede storica di Giussano e quella provvisoria di Rovellasca, entrambi i sistemi. Brillante conoscitore del mondo del mobile e degli architetti che lo disegnano, Casaluci è anche il prototipo del nuovo uomo d'azienda richiesto dai tempi: per la sua esperienza di lavoro negli Stati Uniti e in Canada, e per la conoscenza delle lingue e delle caratteristiche dei mercati internazionali, è l'uomo adatto per la ditta che ha in mente Molteni, battezzata non a caso UNIFOR EMME3. UniFor allude al marchio Unimark, che faceva riferimento al gruppo di Bob Noorda, Franco Mirenzi e Massimo Vignelli; EMME sta per Molteni; e 3 si riferisce ai tre figli di Angelo: Piero, Carlo e Luigi.

Casaluci viene subito associato, nella funzione di art director, alla nuova impresa del cui successo fu uno dei maggiori artefici.

Ma c'era da fare in fretta: bisognava pensare subito a costruire uno stabilimento che fosse in linea con la nuova strategia e con il genere di prodotto che l'azienda si era proposta di sviluppare. Il mondo dell'architettura stava intraprendendo una fruttuosa rivoluzione, tanto tecnologica quanto culturale. Si trattava di organizzare un metodo di progetto che tenesse conto delle nuove esigenze, sviluppando sistemi costruttivi dove il disegno delle singole componenti diventasse un metodo per affrontare le questioni della modularità e della prefabbricazione: indispensabili per produrre manufatti più leggeri e veloci, capaci di ridurre i tempi del cantiere e garantire, al tempo stesso, un alto livello di qualità.

Construction of the UNIFOR EMME3 factory in Turate, first building made of prefabricated parts and reinforced concrete plugging, 1970s.

Costruzione dello stabilimento UNIFOR EMME3 a Turate, primo corpo di fabbrica in elementi prefabbricati e tamponamenti in cemento armato, anni settanta.

This approach was revolutionary for Italy, where the backwardness of the building sector was compensated only by the expertise of the country's architects and craftspeople. It required a change in mentality, a leap of perspective. From the start, technology was treated as a fundamental part of the project and not a mere subsequent application. It became a theoretical principle that would rescue functionalism from its mechanical incrustations, restoring it firmly to the realm of the duties of architecture. Industry—the production method that gave birth, in those same years, to the discipline of industrial design—was at once a horizon and a philosophy: it required rigor and accuracy, which it repaid in the form of quality, perfection, beauty.

In *Amate l'Architettura*, Gio Ponti prophesied that "the architects will make beautiful buildings and objects," and that "architecture will organize the workplace, its efficiency, and the lives of workers: it is the mirror of the value of industry, its honor in society, the technical and spiritual commitment to perfection that justifies industry."

And who better than Angelo Mangiarotti—born in Milan but already at home in the world, having spent the early 1950s in America—could embody the figure of the new architect? He had no preconceptions or qualms about the forms of the future, which he imagined as a continuous process of experimentation.

Una rivoluzione per l'Italia, vista l'arretratezza del comparto edile, cui suppliva soltanto la perizia degli architetti e quella della manovalanza artigianale. Era necessario un cambio di mentalità, un salto di prospettiva: la tecnica entrava nel progetto sin dall'inizio come impostazione e non come applicazione, diventava un principio teorico che riscattava il funzionalismo dalle sue incrostazioni meccaniche, riportandolo con i piedi per terra nell'ambito dei doveri dell'architettura. L'industria – il metodo di produzione industriale alla base, negli stessi anni, della nascita del design – è un orizzonte e una filosofia: richiede rigore ed esattezza, che restituisce poi in qualità, perfezione, bellezza.

"Gli architetti", profetizzava Gio Ponti in *Amate l'Architettura*, "faranno architetture e cose bellissime". E aggiungeva: "l'Architettura ordina il lavoro, la sua efficienza, e la vita di chi lavora: è lo specchio del valore dell'industria, il suo onore nella società, l'impegno tecnico e spirituale di perfezione che giustifica l'industria".

E chi meglio di Angelo Mangiarotti – nato a Milano ma già abituato al mondo per la sua permanenza nei primi anni cinquanta in America – poteva incarnare il ritratto del nuovo architetto, senza pregiudizi o remore formali verso il futuro, che immaginava come un continuo processo di sperimentazione?

UniFor factory in Turate, details of the overhanging roof over the protruding portico and the continuous glass and steel facade with steel framework, 2015.

Stabilimento UniFor a Turate, particolari della copertura del porticato e della facciata continua in vetro con struttura in acciaio arretrata, 2015.

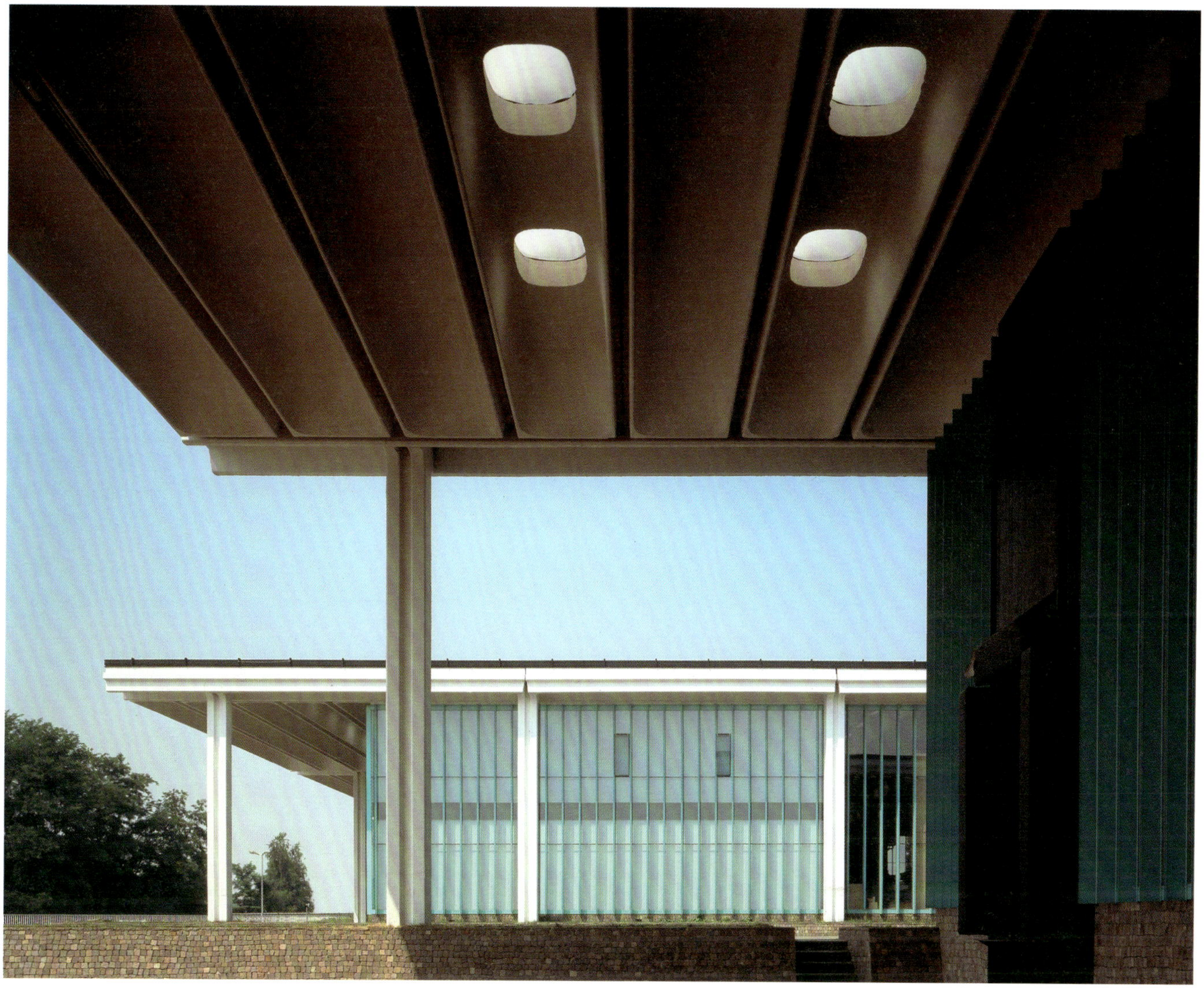

UniFor factory in Turate at the end of the third extension, 1985.

Stabilimento UniFor a Turate al termine del terzo ampliamento, 1985.

Document of approval for producing Isocell precompressed structures, April 20, 1971, and declaration of works to be made in reinforced concrete approved on July 12, 1973.

Documenti relativi all'approvazione per la produzione delle strutture precompresse della Isocell, 20 aprile 1971, e alla denuncia delle opere in conglomerato cementizio armato approvata il 12 luglio 1973.

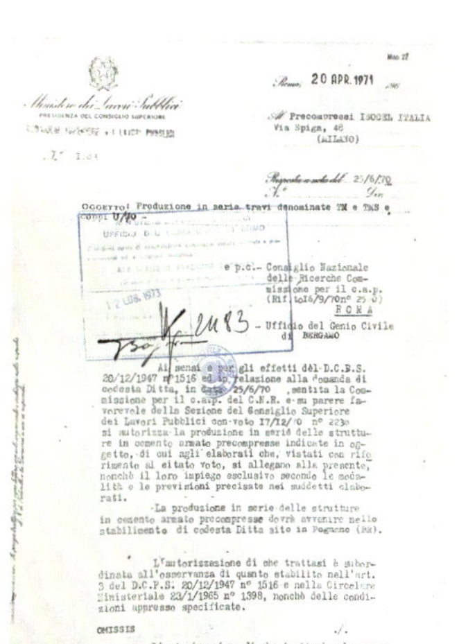

Ministero dei Lavori Pubblici
PRESIDENZA DEL CONSIGLIO SUPERIORE

Mod 27

Roma, 20 APR. 1971

All' Precompressi ISOCEL ITALIA
Via Spiga, 48
(MILANO)

Risposta a nota del 25/6/70

OGGETTO: Produzione in serie travi denominate TM e TMS e coppi U/70 -

e p.c. - Consiglio Nazionale delle Ricerche Commissione per il c.a.p.
ROMA
- Ufficio del Genio Civile di BERGAMO

Ai sensi e per gli effetti del D.C.P.S. 20/12/1947 n° 1516 ed in relazione alla domanda di codesta Ditta, in data 25/6/70, sentita la Commissione per il c.a.p. del C.N.R. e su parere favorevole della Sezione del Consiglio Superiore dei Lavori Pubblici con voto 17/12/70 n° 2230 si autorizza la produzione in serie delle strutture in cemento armato precompresse indicate in oggetto, di cui agli elaborati che, vistati con riferimento al citato voto, si allegano alla presente, nonchè il loro impiego esclusivo secondo le modalità e le previsioni precisate nei suddetti elaborati.

La produzione in serie delle strutture in cemento armato precompresse dovrà avvenire nello stabilimento di codesta Ditta sito in Pognano (BG).

L'autorizzazione di che trattasi è subordinata all'osservanza di quanto stabilito nell'art. 3 del D.C.P.S. 20/12/1947 n° 1516 e nella Circolare Ministeriale 23/1/1965 n° 1398, nonchè delle condizioni appresso specificate.

OMISSIS

L'autorizzazione di che trattasi vale per un periodo di due anni a decorrere dalla data della pre-

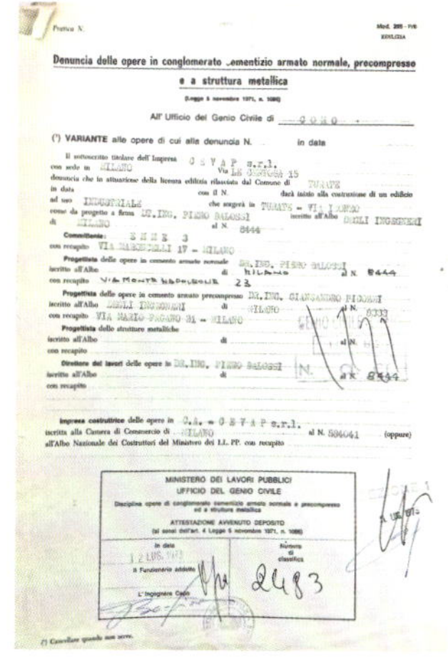

Pratica N.

Mod. 285 - EDILIZIA

Denuncia delle opere in conglomerato cementizio armato normale, precompresso e a struttura metallica

(Legge 5 novembre 1971, n. 1086)

All' Ufficio del Genio Civile di COMO

(*) VARIANTE alle opere di cui alla denuncia N. in data

Il sottoscritto titolare dell'Impresa C.E.V.A.P. s.r.l. con sede in MILANO Via ... 15 denuncia che in attuazione della licenza edilizia rilasciata dal Comune di TURATE in data con il N. darà inizio alla costruzione di un edificio ad uso INDUSTRIALE che sorgerà in TURATE come da progetto a firma DR. ING. PIERO BALOSSI iscritto all'Albo DEGLI INGEGNERI di MILANO al N. 8444

Committente: ...
con recapito ... 17 - MILANO

Progettista delle opere in cemento armato normale DR. ING. PIERO BALOSSI iscritto all'Albo di MILANO al N. 8444 con recapito ... 23

Progettista delle opere in cemento armato precompresso DR. ING. ... iscritto all'Albo DEGLI INGEGNERI di MILANO al N. ... con recapito VIA MARIO PAGANO ... - MILANO

Progettista delle strutture metalliche iscritto all'Albo di al N. con recapito

Direttore dei lavori delle opere in DR. ING. PIERO BALOSSI iscritto all'Albo di al N. 8444 con recapito

Impresa costruttrice delle opere in C.A. - C.E.V.A.P. s.r.l. iscritta alla Camera di Commercio di MILANO al N. 584041 (oppure) all'Albo Nazionale dei Costruttori del Ministero dei LL. PP. con recapito

MINISTERO DEI LAVORI PUBBLICI
UFFICIO DEL GENIO CIVILE
Disciplina opere di conglomerato cementizio armato normale e precompresso ed a struttura metallica
ATTESTAZIONE AVVENUTO DEPOSITO
(ai sensi dell'art. 4 Legge 5 novembre 1971, n. 1086)

In data	Numero di classifica
12 LUG. 1973	2483

Il Funzionario addetto

L'Ingegnere Capo

(*) Cancellare quando non serve.

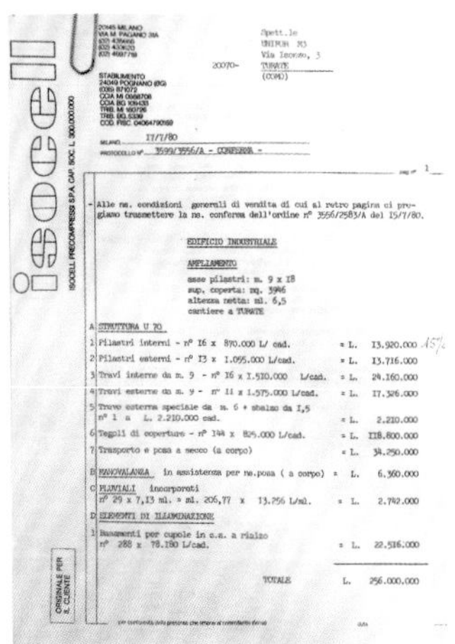

isocell

ISOCELL PRECOMPRESSI S.P.A. CAP. SOC. L. 300.000.000

20145 MILANO
VIA M. PAGANO 31A

STABILIMENTO
24049 POGNANO (BG)

Spett.le
UNIFOR 3
Via Isonzo, 3
20070- TURATE
(COMO)

MILANO 17/7/80
PROTOCOLLO N° 3599/3556/A - CONFERMA -

pag. n° 1

- Alle ns. condizioni generali di vendita di cui al retro pagina ci pregiamo trasmettere la ns. conferma dell'ordine n° 3556/2583/A del 15/7/80.

EDIFICIO INDUSTRIALE

AMPLIAMENTO

asse pilastri: m. 9 x 18
sup. coperta: mq. 3946
altezza netta: ml. 6,5
cantiere a TURATE

A STRUTTURA U 70

1	Pilastri interni - n° 16 x 870.000 L/ cad.	= L.	13.920.000
2	Pilastri esterni - n° 13 x 1.055.000 L/cad.	= L.	13.716.000
3	Travi interne da m. 9 - n° 16 x 1.510.000 L/cad.	= L.	24.160.000
4	Travi esterne da m. 9 - n° 11 x 1.575.000 L/cad.	= L.	17.326.000
5	Trave esterna speciale da m. 6 + sbalzo da 1,5 n° 1 a L. 2.210.000 cad.	= L.	2.210.000
6	Tegoli di copertura - n° 144 x 825.000 L/cad.	= L.	118.800.000
7	Trasporto e posa a secco (a corpo)	= L.	34.250.000
B	MANOVALANZA in assistenza per ns. posa (a corpo)	= L.	6.360.000
C	PLUVIALI incorporati n° 29 x 7,13 ml. = ml. 206,77 x 13.256 L/ml.	= L.	2.742.000
D	ELEMENTI DI ILLUMINAZIONE		
1	Basamenti per cupole in c.a. a rialzo n° 288 x 78.180 L/cad.	= L.	22.516.000
	TOTALE	L.	256.000.000

ORIGINALE PER IL CLIENTE

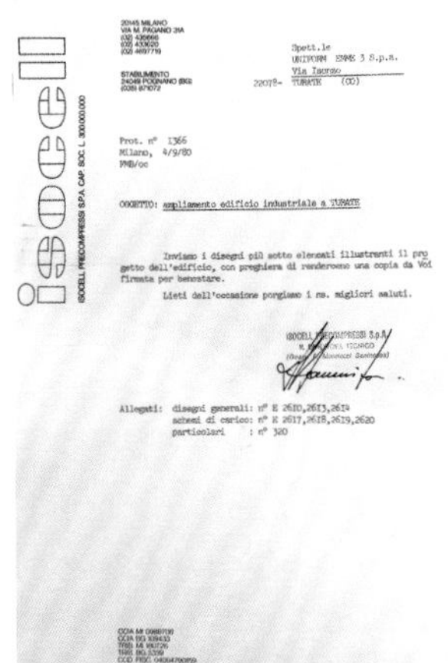

isocell

ISOCELL PRECOMPRESSI S.P.A. CAP. SOC. L. 300.000.000

20145 MILANO
VIA M. PAGANO 31A

STABILIMENTO
24049 POGNANO (BG)

Spett.le
UNIFORM EMME 3 S.p.a.
Via Isonzo
22078- TURATE (CO)

Prot. n° 1366
Milano, 4/9/80
PMB/oc

OGGETTO: ampliamento edificio industriale a TURATE

Inviamo i disegni più sotto elencati illustranti il progetto dell'edificio, con preghiera di renderocene una copia da Voi firmata per benestare.

Lieti dell'occasione porgiamo i ns. migliori saluti.

ISOCELL PRECOMPRESSI S.p.A.

Allegati: disegni generali: n° E 2610,2613,2614
schemi di carico: n° E 2617,2618,2619,2620
particolari : n° 320

Mangiarotti's work in the field of industrial architecture—and in the industrialization of architecture—was his strong suit, allowing him, in just a few years, to develop a highly effective and elegant response to the impetuous demand by industrialists for modern, efficient, economical, and above all beautiful, factories. In 1962, he was occupied with two projects in Italy, a slag plant in Marcianise and a warehouse for Splügen Bräu in Mestre. They inaugurated an intense period of building projects, including major commissions by Alberto Zevi for an Elmag plant in Lissone, in 1964, and for another in Monza, in 1969. These became the basis of a series of projects based on the idea of construction as an assembly of individually-designed elements, masterfully held together by means of sophisticated joints. Mangiarotti called his prefabricated structural system the *U70*, and also used it for the Lema plant in Alzate Brianza in 1969 and for the new UNIFOR factory in Turate in 1972. Once again, nothing happened by chance: it was all the fruit of a circularity of knowledge, skills, and mutual affinities, cemented by the same staunch belief in the value of working to achieve quality.

Angelo Molteni had in fact developed a long-standing relationship with Zevi, based on friendship and respect, because Zevi—a salesman first and then a manufacturer of woodworking machinery—was the man who sold Molteni the first machinery that would allow the company to make its first leap toward industrial efficiency. Zevi, in turn, was a friend and admirer of Mangiarotti, who had so skillfully designed Zevi's factory in Monza. This factory impressed Angelo Molteni so much that he decided to hire the same architect. Mangiarotti, for his part, was also close to the world of furniture design. He too was a friend of Michele Casaluci and had already made his debut in the early 1950s in the field of mass-produced furniture, focusing mainly on modularity and assemblability.

Il campo dell'architettura industriale – insieme a quello dell'industrializzazione dell'architettura – era il cavallo di battaglia che gli aveva permesso, in pochi anni, di dare una risposta altissima all'impetuosa richiesta degli industriali per fabbriche nuove, efficienti, economiche e soprattutto belle. Lo stabilimento di Marcianise e il deposito industriale Splügen Bräu a Mestre inaugurano nel 1962 un'intensa stagione costruttiva, che vedrà Mangiarotti impegnato nel 1964 a Lissone e nel 1969 a Monza, dove realizza per Alberto Zevi lo stabilimento Elmag, capostipite di una serie di altri progetti basati sull'idea della costruzione come assemblaggio di elementi pensati singolarmente e tenuti magistralmente assieme da sofisticati nodi. Mangiarotti battezzerà questo sistema *U70*, utilizzandolo anche per gli impianti Lema ad Alzate Brianza (1969) e per la nuova fabbrica UNIFOR a Turate, nel 1972. Anche qui, nulla avviene per caso: tutto è frutto di una circolarità di conoscenze, di competenze, di reciproche affinità, cementate dalla stessa laboriosa concezione di un agire all'insegna della qualità.

Angelo Molteni, infatti, aveva sviluppato con Zevi un rapporto antico di amicizia e di rispetto: a lui – rappresentante e poi anche produttore di utensili per la lavorazione del legno – si era rivolto per l'acquisto delle prime macchine che avevano consentito all'azienda di fare il salto verso la dimensione dell'efficienza industriale. Zevi era, a sua volta, amico ed estimatore di Mangiarotti, cui aveva appunto commissionato con soddisfazione la sua fabbrica di Monza, che tanto aveva colpito Molteni da spingerlo a rivolgersi allo stesso architetto. Mangiarotti, a sua volta, è vicino anche al mondo del design del mobile: amico egli stesso di Michele Casaluci, aveva esordito sin dai primi anni cinquanta nel campo dei mobili in serie, concentrandosi soprattutto sulla modularità e sulla componibilità.

Documents confirming the order for the Isocell structures needed for the 1980 extension.

Documenti di conferma dell'ordine per le strutture Isocell necessarie all'ampliamento del 1980.

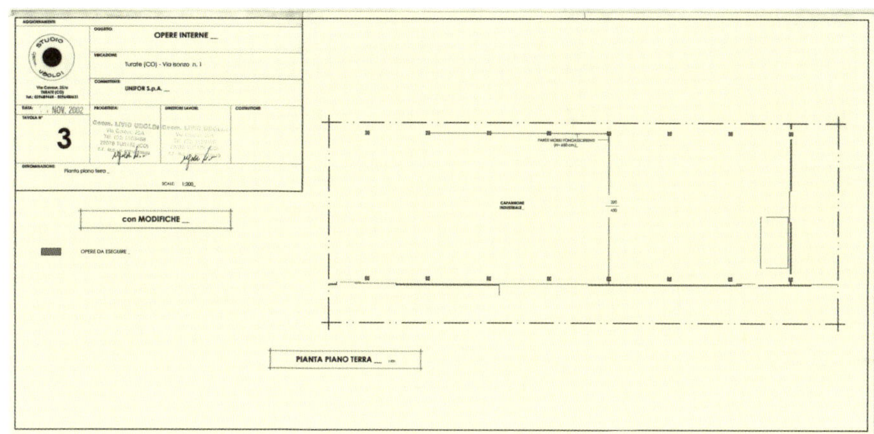

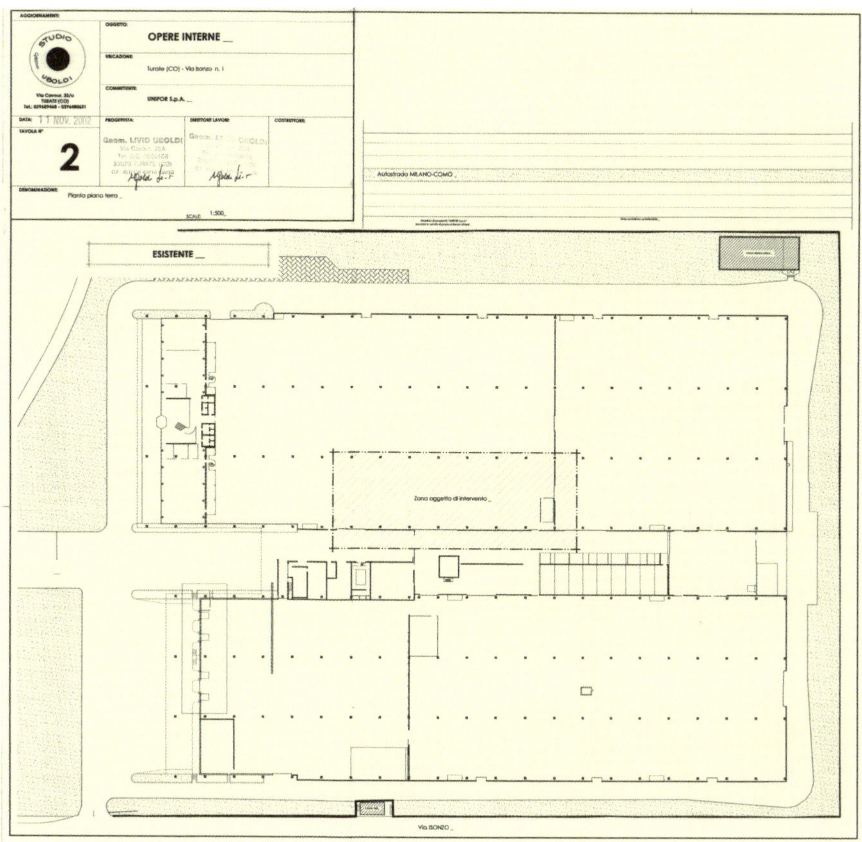

UniFor factory in Turate during the construction of the first buildings with prefabricated reinforced concrete structures and plugging, 1970s.

Stabilimento UniFor di Turate durante la costruzione dei primi corpi di fabbrica con strutture e tamponamenti prefabbricati in cemento armato, anni settanta.

Plans on scales of 1:200 and 1:500 of the interior works done in 2002.

Planimetrie in scala 1:200 e 1:500 delle opere interne realizzate nel 2002.

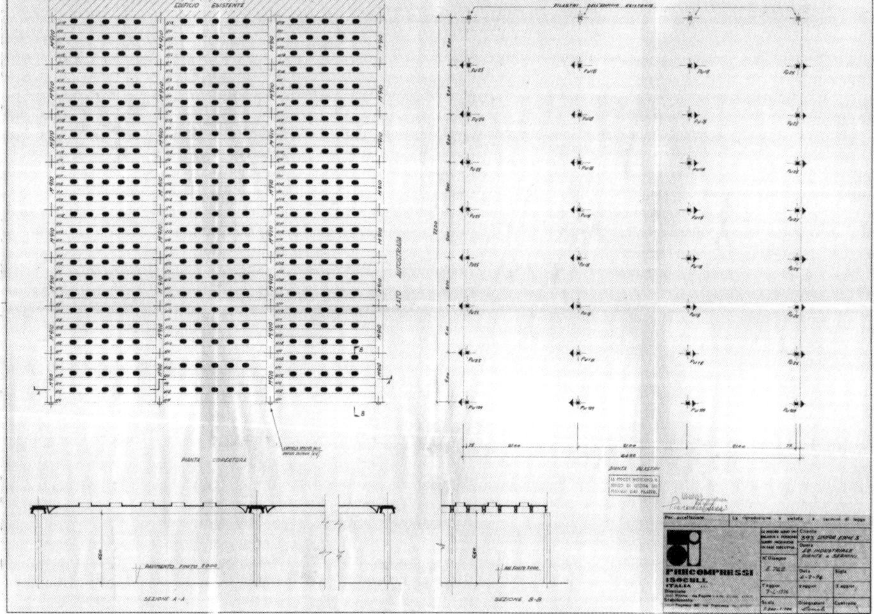

UniFor factory in Turate, construction of the roofing in the 1970s.

Stabilimento UniFor a Turate, costruzione della copertura negli anni settanta.

Plans and sections of the roofing and pillars, February 6, 1976, updated April 7, 1976.

Piante e sezioni della copertura e dei pilastri, 6 febbraio 1976, aggiornato il 7 aprile 1976.

For Mangiarotti there was just one design method, to be applied to different scales. From the very beginning he ran his experimental practice based on the new parallels between construction and industrial design. Because the aim was to establish UniFor in the field of office furnishings, Mangiarotti was a natural choice for the architect of the company's new factory in Turate. Both Mangiarotti and UniFor were moving increasingly toward series production and were therefore more concerned with the quality of the components and the design of systems than with individual objects.

Per Mangiarotti vigeva un'unicità di metodo a diversità di scale dimensionali, e la sua pratica sperimentale si è mossa, sin dagli inizi, sul timbro nuovo dell'omologia fra costruzione e design. Per un'azienda nuova che si proponeva di affermarsi nel campo dell'arredo per ufficio, la scelta di Mangiarotti era dunque naturale, poiché entrambi si muovevano sulla lunghezza d'ordine della riproducibilità in serie, della qualità delle componenti e della progettazione per sistemi più che per singoli oggetti.

UniFor factory in Turate, protruding portico and main glass entrance to the hall of the executive area, 2015.

Stabilimento UniFor a Turate, porticato a sbalzo e ingresso principale vetrato alla hall dell'area direzionale, 2015.

It was no coincidence that Mangiarotti decided to choose his patented *U70* system for the structure of the new building, the same one he had used in 1969 for the Lema factory in Alzate Brianza. Manufactured by Precompressi Isocell Italia, it consisted of a prefabricated post-and-beam system in prestressed concrete, with 9-to-12-meter-long beams and 20-meter-long corrugated roof segments.

Rapid construction times were necessary to keep pace with a rapidly changing market, and the *U70* system, already proven successful, insured almost immediate delivery and installation. Piero Molteni remembers that when the factory equipment was moved from Rovellasca to Turate in 1974, the steel and glass building envelope wasn't installed yet. So as not to interrupt production, they temporarily enclosed the building with solid prefabricated panels. The factory was treated as a tool, as a machine for hosting machinery. Mangiarotti's great talent lay in his ability to combine the performance potentials of prefabrication technologies with innovation in terms of form and space. This allowed him to create work environments that were not only efficient but also pleasant and comfortable for the factory and office workers. The flexibility of prefabrication also made it possible to adapt the "machine" to meet the needs of the company as it grew and transformed, arriving at the present layout over a space of ten years.

Incaricato del progetto della sede di Turate, Mangiarotti non a caso riprende l'uso del sistema *U70*, già usato nello stabilimento Lema di Alzate Brianza nel 1969: un sistema prefabbricato, trilitico, in cemento armato precompresso, con travi comprese fra i 9 e i 12 metri e tegole fra i 15 e i 20 metri, brevettato dall'architetto e realizzato da Precompressi Isocell Italia.

I tempi dovevano essere rapidi, perché rapidi erano i tempi del mercato: e il sistema *U70*, sperimentato con successo, garantiva un'installazione quasi immediata. Piero Molteni ricorda che nel 1974, l'anno del trasferimento da Rovellasca a Turate, la nuova struttura non era ancora stata rivestita all'esterno e, per non interrompere la produzione, furono montati pannelli prefabbricati pieni, in attesa della soluzione finale con le vetrate continue. La fabbrica era uno strumento, una macchina per ospitare macchine: l'abilità di Mangiarotti consistette, dunque, nel coniugare le potenzialità performative delle tecnologie della prefabbricazione con l'innovazione formale e spaziale, in modo da garantire l'efficienza dell'ambiente lavorativo e, al tempo stesso, la qualità e il comfort degli spazi per addetti e impiegati. La flessibilità della prefabbricazione consentiva, inoltre, di adattare la "macchina" alle esigenze di ampliamento e di trasformazione, che richiesero più di dieci anni prima di arrivare all'assetto finale.

Historic photographs of the building site and Isocell prefabricated structures, 1970s.

Foto storiche del cantiere e delle strutture prefabbricate Isocell, anni settanta.

Exterior of the UniFor factory in Turate, detail of the shift of the two buildings and of the glass and steel facades, 2015.

Esterno dello stabilimento UniFor di Turate, particolare del disassamento dei due corpi di fabbrica e delle facciate continue in vetro e acciaio, 2015.

Exterior of the UniFor factory in Turate, detail of *Scultura divenire* designed by Angelo Mangiarotti, 2005.

Esterno dello stabilimento UniFor di Turate, particolare della *Scultura divenire* disegnata da Angelo Mangiarotti, 2005.

Angelo Mangiarotti, drawing for *Scultura divenire*, 2003.
Angelo Mangiarotti, disegno per la *Scultura divenire*, 2003.

Following pages: entrance to the executive area of the UniFor factory in Turate seen at night, 1985.
Pagine seguenti: ingresso alla zona direzionale dello stabilimento UniFor di Turate, vista notturna,1985.

Mangiarotti's project was also profoundly innovative in terms of building type. By rejecting the old pattern of the small office building detached from the production plant, he supported from the very beginning the principle of spatial continuity between the two activities. Together with an overhanging roof, the continuous glass and steel facade, stepped back with respect to the structure of the building, created a portico at the entrance that acted as a filter. The value of this device was emphasized by another project from that time, in this case for B&B, another important company in the furnishings sector. A young Renzo Piano (in partnership with Richard Rogers) was commissioned with the expansion of the first nucleus of the B&B plant in Novedrate, designed by Afra and Tobia Scarpa. He added a cluster of offices onto the main building, creating a new facade along the street.

Anche dal punto di vista tipologico, la proposta di Mangiarotti era profondamente innovativa: rinunciando alla tradizione della palazzina per uffici staccata dalla sede di produzione, si sosteneva, fin dall'inizio, la continuità spaziale tra le due attività, con l'impiego di una facciata continua in vetro e acciaio arretrata rispetto al telaio strutturale. In tal modo, grazie alla copertura a sbalzo, si creava inoltre un porticato a filtro dell'ingresso. A sottolineare il valore di questa innovazione, basti ricordare che negli stessi anni un'altra importante azienda del settore, la B&B di Novedrate, ricorreva al giovane Renzo Piano (in partnership con Richard Rogers) per l'ampliamento della porzione originale dello stabilimento, realizzata da Afra e Tobia Scarpa, con un nuovo nucleo di uffici destinato a fare da fronte su strada al complesso.

UniFor factory in Turate, open space
on the first floor of the executive area, 1985.

Stabilimento UniFor di Turate, open space
al primo piano della zona direzionale, 1985.

UniFor factory in Turate, entrance
and reception, 1985.

Stabilimento UniFor di Turate, ingresso
e reception, 1985.

Angelo Mangiarotti, drawing for the entrance hall reception desk of the UniFor factory in Turate, early 1980s.

Angelo Mangiarotti, disegno della reception per l'ingresso dello stabilimento UniFor di Turate, inizio anni ottanta.

Angelo Mangiarotti, sketch for the entrance, early 1980s.

Angelo Mangiarotti, schizzo per l'ingresso, inizio anni ottanta..

Mangiarotti devoted numerous studies to perfecting the reception and office environments at the new factory in Turate. The appearance of the elegantly-proportioned entrance lobby was enhanced by contrasting the prestressed concrete structure with two custom-designed elements, a semicircular reception counter in wood and a sinuous staircase leading to the floor above. Industrial design and architecture, two aspects of the same design commitment, went hand in hand, almost announcing the future of UniFor, which from that point on would structure its business more and more around the idea of cohesion between space and furnishings.

Mangiarotti dedicò molti studi al progetto di Turate per giungere alla perfetta definizione degli ambienti di accoglienza e di lavoro per gli impiegati, progettando una hall di eleganti proporzioni che metteva in risalto la struttura in cemento armato precompresso attraverso la contrapposizione di due elementi chiave eseguiti su disegno fuori serie: il bancone in legno semicircolare per la reception e la sinuosa scala che mette in comunicazione con il piano superiore. Design e architettura sono le due facce dello stesso impegno progettuale, quasi un manifesto della futura attività della UniFor, che da allora si caratterizzerà in maniera sempre più strutturale per la coesione fra spazio e attrezzatura.

Angelo Mangiarotti, color sketch for the entrance to the UniFor factory in Turate, early 1980s.

Angelo Mangiarotti, schizzo a colori dell'ingresso dello stabilimento UniFor di Turate, inizio anni ottanta.

Detail of the handrail of the staircase at the entrance to the executive area, 1985.

Particolare del corrimano della scala all'ingresso della zona direzionale, 1985.

UniFor factory in Turate, the entrance hall with the out-of-scale table designed in 1989 by Afra and Tobia Scarpa for the Milan showroom, 2015.

Stabilimento UniFor a Turate, la hall d'ingresso con il tavolo fuori scala disegnato nel 1989 da Afra e Tobia Scarpa per lo showroom di Milano, 2015.

UniFor factory in Turate, the production department, 2019.

Stabilimento UniFor a Turate, area produzione, 2019.

UniFor factory in Turate, details of the veneers used in production, 2019.

Stabilimento UniFor a Turate, particolari degli impiallacciati utilizzati nella produzione, 2019.

UniFor factory in Turate, detail of materials used in production, 2019.

Stabilimento UniFor a Turate, particolare dei materiali utilizzati nella produzione, 2019.

UniFor factory in Turate, semi-finished products of the industrial production process, 2019.

Stabilimento UniFor a Turate, semilavorati del processo di produzione industriale, 2019.

UniFor factory in Turate, production process, 2019.
Stabilimento UniFor a Turate, processo di produzione industriale, 2019.

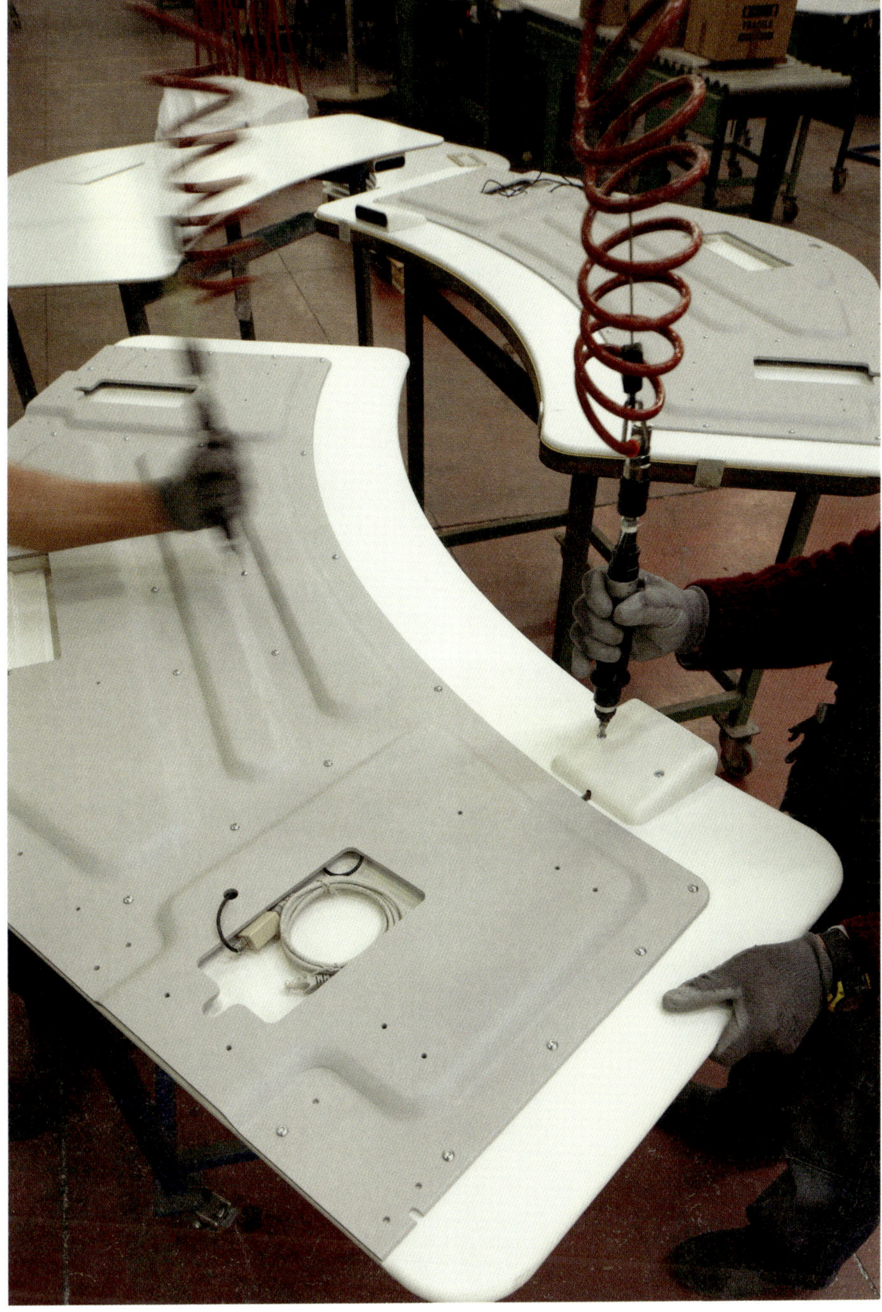

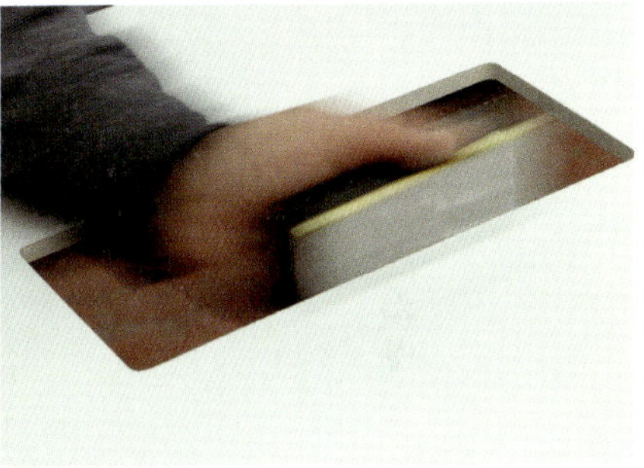

UniFor factory in Turate, details of working tables and artisanal tools, 2019.

Stabilimento UniFor a Turate, dettagli dei tavoli e degli strumenti di lavoro artigianali, 2019.

UniFor factory in Turate, interior of the production area, sheet storage, 2019.

Stabilimento UniFor a Turate, interno della zona di produzione, stoccaggio lastre, 2019.

Modulo3 packed and ready for delivery, late 1970s.

Modulo3 imballati e pronti per la consegna, fine anni settanta.

Modulo3
UNIFOR
Master
destinatario
peso lordo
peso netto
Turate (Como) Italia

UniFor spa
EM 75-69
Made in Italy
This side up
FRAGILE
HANDLE WITH CARE
UniFor spa
EM 75-69
Made in Italy
This side up
FRAGILE
HANDLE WITH CARE
FRAGILE
UniFor spa
Made in Italy
EM 80-72
UniFor spa
EM 80-72

The Company

Brionvega per i suoi uffici ha scelto Modulo 3 UNIFOR del Gruppo Molteni.

E non dite che Brionvega non se ne intende di design.

Modulo 3, un sistema di mobili per ufficio che tiene conto degli effettivi problemi dello spazio di lavoro e quindi particolarmente adatto per gli uffici a pianta aperta.

Mai come nel sistema Modulo 3 il design aveva rispettato con tanta rigorosità il rapporto forma-funzione-dimensione. Niente più cose superflue quindi, ma solo quell'indispensabile razionalità che fa di Modulo 3 il sistema più avanzato per arredare lo spazio di lavoro.

Modulo 3 propone scrivanie montabili o smontabili per semplice incastro mediante lo speciale giunto, cassetti montati su guide a sfera e con impugnatura a tutta larghezza, ante senza sporgenze, contenitori trasferibili su rotelle. Con la stessa serie si possono realizzare, a seconda dei differenti materiali, uffici operativi, direzionali e di rappresentanza. Tutto per una più facile riorganizzazione degli spazi di lavoro.

Modulo 3
UNIFOR

Modulo 3 è realizzato in bilaminato bianco oppure in essenza di noce, di palissandro o di rovere.
Design Bob Noorda e Franco Mirenzi.

UNIFOR - 22078 TURATE (COMO)
Tel. 02 - 96.88.321

NON A CASO MODULO 3 È STATO SCELTO ANCHE DA LORO:
BANCO ROMA - BANCA D'ITALIA - BANCA COMMERCIALE ITALIANA (MILANO - SINGAPORE - TOKYO) - OLIVETTI - RANK XEROX - BANCA ROTHSCHILD (PARIGI - LONDRA) - JEAN CACHAREL (PARIGI) - BANQUE NATIONALE DE PARIS - CONTRÔLE DATA FRANCE - CREDIT COMMERCIAL DE FRANCE - WESTERN BANK LIMITED (JOHANNESBURG) - ENGINS MATRA (PARIGI) - GERVAIS DANONE (PARIGI) - MARINE MIDLAND BANK (PARIGI) - MINISTERE DES AFFAIRES CULTURELLES (PARIGI) - DEUTSCHEN BUNDESBANK - CONTINENTAL ILLINOIS BANK (LONDRA) - I.B.M. (NEW YORK)

The *Cubo* radio, designed by Richard Sapper and Marco Zanuso, sitting on a *Modulo3* desk.

La radio *Cubo*, disegnata da Richard Sapper e Marco Zanuso, appoggiata su una scrivania *Modulo3*.

Adverts of the *Modulo3* system used in the Brionvega offices.

Pubblicità del sistema *Modulo3* utilizzato negli uffici Brionvega.

The Company

Cristiana Colli

In 1974, the IBM emissaries wanted to see the *ditta*, the factory where the *Modulo3* was made, after they had admired Bob Noorda and Franco Mirenzi's furnishing system in a catalog. Their objective: furnishing the offices of an important building in New York.
"A delegation came to Italy expressly for the purpose—honestly, we were a little embarrassed, because UniFor was small, it was still in Rovellasca. To increase our appeal, first we showed them Molteni, which was already a major company, the parent company. We got the contract for the beautiful W-shaped building of the IBM World Trade Americas / Far East Corporation, for an amount that made us tremble, one million dollars," recalls Gianfranco Marinelli.

That experience contained the matrix of UniFor's history—internationality, reputation, quality of communication, the power of relationships, and a project that combined technical beauty and functionality.

Especially in the mind of the entrepreneur himself, UniFor remained for a long time a *ditta* [Italian for "firm," but mainly referred to smaller businesses that are closely identified with their founder]. *Ditta* is an ancient word that retains the history, anthropology, and vision of the Italian capitalism of the late twentieth century, the kind of entrepreneurship that has exported quality, performance, and beauty to every latitude. It is a word that calls to mind old company names and memories concealed in business archives; still, it represented for a long time the very essence of the Made in Italy products that have conquered the world. Usually the *ditta* has a long history of names and people, inventors and talents, technical and symbolic innovations, objects, cities, and places; it is a paradigm in the history of the Italian industrial districts that succeeded in instilling their own intelligence into their products; it is the industrious community, the entrepreneurial family, which welcomes the extended network of collaborators and suppliers that has historically formed the basis of the development of the Italian industrial district; it is the platform of contextual knowledge that prepared for the evolution of the supply chain and subsequently for the contemporary ecosystem that depends on networks of socialized and shared knowledge.

The Company

Cristiana Colli

È la "ditta" quella che gli emissari dell'IBM visitano nel 1974, dopo aver ammirato il catalogo *Modulo3*, design di Bob Noorda e Franco Mirenzi: obiettivo, allestire gli uffici di un importante edificio a New York. "Una delegazione venne apposta in Italia – onestamente eravamo un po' in imbarazzo, perché la UniFor era piccola, era ancora a Rovellasca. Così per aumentare l'appeal abbiamo mostrato prima la Molteni, che era già un'azienda di rilievo, era la casa madre. Ottenemmo l'appalto di quel bellissimo edificio a forma di W dell'IBM World Trade Americas / Far East Corporation per un valore che faceva tremare, un milione di dollari", ricorda Gianfranco Marinelli.

In questa esperienza ci sono le matrici della storia di UniFor: internazionalità, reputazione, qualità della comunicazione, potere della relazione, progetto che coniuga bellezza tecnica e funzionalità.

"Ditta" lo è stata a lungo, soprattutto nell'immaginario di chi ha fatto l'impresa. Ditta è una parola antica che trattiene la storia, l'antropologia e la visione del capitalismo italiano del secondo Novecento, quello che ha esportato sotto tutte le latitudini qualità prestazione e bellezza. Ditta è il suffisso di tanta memoria degli archivi d'impresa, di denominazioni societarie, a lungo l'essenza del Made in Italy che ha conquistato il mondo. La ditta è una lunga storia di nomi, persone, autori, talenti, innovazioni tecniche e simboliche, oggetti, città, luoghi; è un paradigma della storia distrettuale italiana, che nel prodotto trattiene la sua intelligenza intrinseca; è la comunità operosa; è la famiglia imprenditoriale, quella intesa in senso stretto, quella che accoglie la rete allargata dei collaboratori e fornitori con cui storicamente si sviluppa il distretto italiano; è la piattaforma dei saperi di contesto, che si prepara alle evoluzioni della filiera, e poi dell'ecosistema contemporaneo che poggia sulle reti della conoscenza socializzata e condivisa.

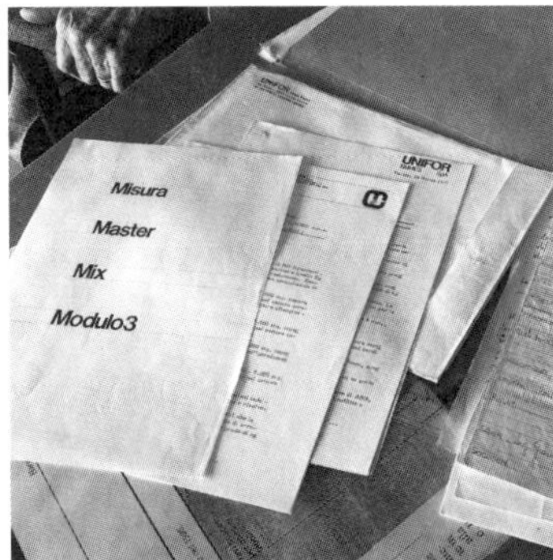

The *ditta* in Turate (UniFor for the rest of the world) enveloped—as in an infographic of lines, diagonals, circles, nodes, and networks—the realm of advanced services around the globe (banks, insurance companies, corporations, institutions) and soon also museums, theaters, temporary exhibition pavilions, and libraries. With its furnishings, UniFor has hosted boards of directors, meetings, strategies, success stories, exhibitions, analytical and theoretical studies, and the events of recent history. It has created environments to accompany the needs and desires of that most valuable and irreplaceable resource, human capital, in every phase of learning—be it professional, recreational, or cultural.

"Office furniture—by its very nature extremely rigorous and *less* exposed to fashions and trends—had an intrinsically high level of internationalization, a sort of potential global market that was larger than that of home furnishings. Because the way we worked in New York was more or less the same way we worked in Milan or Tokyo. In this sense, we were well-prepared both in terms of production and human capital," explains Marinelli.

If it's true that IBM marked out the path by introducing the modern office to the world, imposing an organizational and productive model, and forcing the development of a recognizable identity as an essential competitive factor, at UniFor it was a precise business organization that became the prerequisite for implementing an effective business model based on the quality of relationships, a near-obsessive attention to the design process, and the perfect realization of the finished products. UniFor is never just a product, but a vision of space. Though objects are its output—as demonstrated by such icons as *Less* by Jean Nouvel—it invariably and inevitably goes beyond them. This is what makes this brand different from its competitors, including Herman Miller, Steelcase, Knoll, and the Italian companies Tecno and Castelli.

Ditta a Turate, UniFor nel mondo – come in un'infografica fatta di rette, diagonali, cerchi, incroci, nodi, reti – ha avvolto il terziario avanzato (banche, assicurazioni, corporation, istituzioni) ma ben presto anche musei, teatri, padiglioni temporanei, biblioteche. Con i suoi arredi, ha accolto consigli di amministrazione, meeting, strategie, storie di successo, esposizioni, studi analisi e teorizzazioni, accadimenti della storia recente. Ha creato contesti per accompagnare bisogni e desideri della più pregiata e insostituibile delle risorse, il capitale umano, in ogni fase dell'apprendimento: quello professionale, quello ludico, quello culturale.

"L'arredo per l'ufficio – per sua natura molto rigoroso e meno esposto a mode e tendenze – aveva un intrinseco alto grado di internazionalizzazione, una sorta di mercato globale potenziale maggiore di quanto avesse la casa. Perché, come si lavorava a New York, a grandi linee, si lavorava a Milano o a Tokyo. A questa prospettiva eravamo preparati sia in termini produttivi che di capitale umano", spiega Marinelli.

Se IBM traccia la via, introduce al mondo dell'ufficio, impone un modello organizzativo e produttivo, obbliga allo sviluppo di un'identità riconoscibile come essenziale fattore competitivo, sarà una precisa organizzazione aziendale il presupposto per implementare un efficace modello di business basato sulla qualità della relazione, la cura quasi ossessiva del processo progettuale, la perfetta realizzazione del prodotto finito. UniFor non è mai un prodotto ma una visione dello spazio: contempla come output l'oggetto – lo dimostrano icone come *Less* di Jean Nouvel – ma inevitabilmente lo supera. Anche in questo si marca la differenza con competitor come Herman Miller, Steelcase, Knoll, e le italiane Tecno e Castelli.

Historical documents kept in the UniFor archives: study of the fonts for the first products and corporate presentations, 1970s.

Documenti storici conservati nell'archivio UniFor: studio dei font per i primi prodotti e presentazioni aziendali, anni settanta.

Meeting with Unimark, Bob Noorda and Franco Mirenzi in the UniFor headquarters in Rovellasca.

Incontro con Unimark, Bob Noorda e Franco Mirenzi nella sede UniFor di Rovellasca.

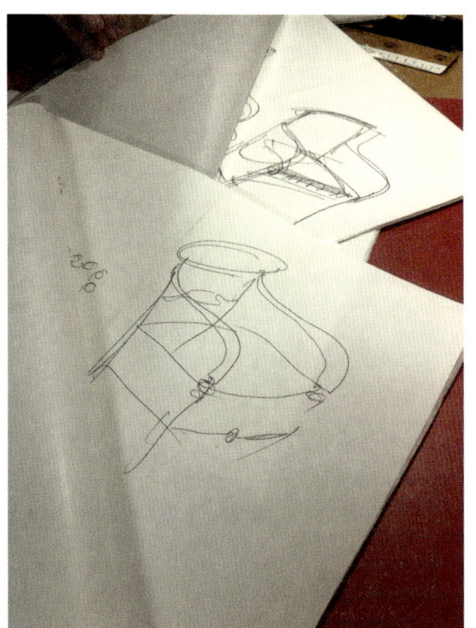

Aldo Rossi and Luca Meda, sketches of the seat for the Teatro Carlo Felice in Genoa, 1990.

Aldo Rossi e Luca Meda, schizzi della poltrona per il Teatro Carlo Felice di Genova, 1990.

Designers' Saturday, UniFor showroom, Paris, 1989.

Designers' Saturday, showroom UniFor, Parigi, 1989.

Pierluigi Cerri made a decisive contribution to this philosophy, bringing to the company something more and different than corporate communication in the classical sense. He carefully and systematically built UniFor's reputation among its true target of reference—the world of architecture and international projects—through a remarkable consistency of words/messages, visual layout, typography/color. Cerri's architectures and designs have also taken on the challenge of the public space, from the extraordinary installations in the shop windows on Corso Matteotti to the trade fair stands—places where the rigor of graphic design adds to the sober celebration of the product, which is both object and fitting, as if the ideal way to display things in the foreground were the absence of a background. These activities are flanked by sponsorship of events that serve as both workshop experiences and investment in the brand.

In Cerri's analysis, "the coordinated vision of the identity began with the two-dimensional image on paper and arrived at the three-dimensional image of the exhibition architecture." UniFor's technical and engineering thrust has made every impossible project possible, while its managerial expertise has sought development opportunities around the globe and in every corner of every region most suited to the office traditions originating from the English-speaking world. But in all this, the key to establishing a virtuous cycle of authoritativeness and trust, based on the company's ability to develop reliable custom solutions, has always been its ability to speak the language of the architects and to understand their soul.

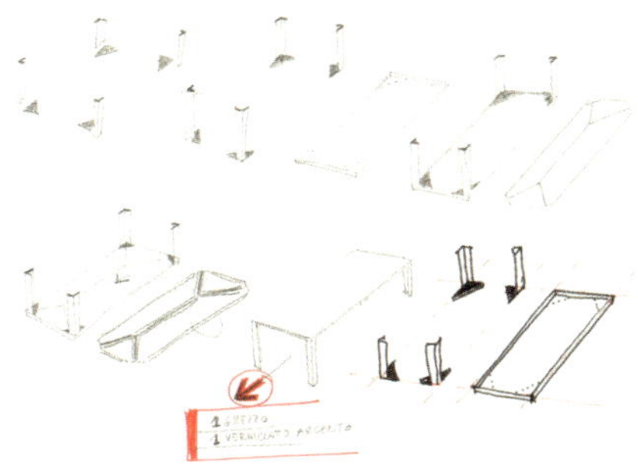

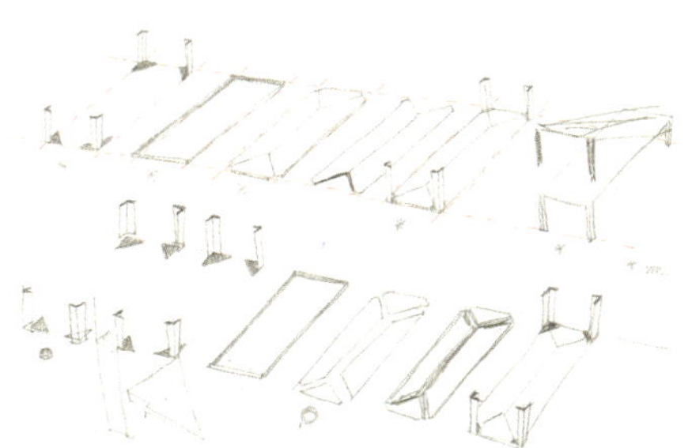

A questa filosofia l'arrivo e la permanenza di Pierluigi Cerri porterà un contributo decisivo, sarà qualcosa di più e di diverso dalla comunicazione corporate in senso classico, sarà un lavoro accurato e sistemico di costruzione della reputazione presso il vero target di riferimento – il mondo dell'architettura e del progetto internazionale – per il tramite di una coerenza fatta di parola/messaggio, impianto visivo, tipografia/colore. Un'architettura disegnata che si è misurata anche con lo spazio pubblico: dalle vetrine di corso Matteotti – imperdibili installazioni – agli stand per le fiere di settore, luoghi con il rigore del graphic design e la celebrazione sobria del prodotto che si fa allestimento ed esposizione, come se il modo ideale per rappresentare l'oggetto in primo piano fosse l'assenza del secondo piano. Cui si affiancano partecipazioni a eventi terzi in sponsorship come esperienza laboratoriale e poi investimento sul marchio.

"La visione coordinata dell'identità – è l'analisi di Cerri – è partita dall'immagine bidimensionale su carta per arrivare all'immagine tridimensionale delle architetture espositive." Se in UniFor la dimensione tecnico-meccanica ha reso possibile ogni progetto impossibile, e quella manageriale ha cercato in ogni parte del mondo, e in ogni piega dei mondi più vocati all'ufficio di tradizione anglosassone, le opportunità di sviluppo, sarà il linguaggio che conosce i codici e le sensibilità dell'architetto il vettore privilegiato di un meccanismo virtuoso di moltiplicazione dell'autorevolezza data dalla capacità di elaborare ogni volta soluzioni custom.

Material kept in the UniFor archives.
Materiali conservati nell'archivio UniFor.

Sketches of the *Less* table, design Jean Nouvel, 1993–94.
Schizzi del tavolo *Less*, design Jean Nouvel, 1993-1994.

The focus of everything is always the workplace, which evolved from rigidly coded configurations to teamwork and then to personal work. No longer separated into inflexible organizational grids, now it is oriented toward the creation of inclusive places—characterized by transparencies, colors, openings, and mobility—in which to express one's talents and to carry out one's life plan. The long transition to post-industrial society has brought changes not only to the factory but also to management, and with it the ways in which human capital is organized and directed.

UniFor has always arrived ahead of time, anticipating the changes. It was there in the time of the fixed workstation and then of deconstruction and co-working, with the confidence of someone who knows that the workplace is one of the most vibrant and sensitive environments in which to perceive the transformations of every modernity. UniFor has intuited that a notion of horizontality was the prerequisite for developing "good work" as a competitive factor, upstream and not downstream of the creation of value.

"Office furniture has always followed the evolution of machines, which have also always imposed work methods," explains Marinelli. "From the typewriter to the computer to the laptop to the smartphone, the office requires different types of furnishings according to anthropological and professional developments. I believe that the various types of machines have always strongly influenced the office, modifying its forms and functions."

UniFor's organizational model is based on well-defined and complementary top management figures and a highly professional and motivated staff. Externally, it has developed policies of sharing knowledge and fostering the growth of a dedicated supply chain, to which it also delegates the development of specialized components and prototyping parts. While product development has profited from the talent of Piero Molteni, "The Engineer," the solid link to a mechanical tradition called on to develop beautiful and useful solutions, Gianfranco Marinelli has brought to the management sphere the necessary business administration skills to provide challenging opportunities and contexts in which to express the company's full potential. Working alongside them were the people who defined UniFor's best practices and carried out experimentations, which were then transformed into products and icons that contributed to making each environment a model of contemporary architecture with a strong identity. This has been the approach with the office towers of international cities, with the management buildings of industrial complexes, and with the urban revitalization projects conceived for new professional and creative working classes. The strategic alliance with the architect (the company's true call from the very beginning), always based on recognition, trust and reliability, has been the essential condition without which no design concept could be transformed into an object capable of being engineered, manufactured, marketed, and sold.

Material, notes and sketches kept in the UniFor archives.

Materiali, appunti e schizzi conservati nell'archivio UniFor.

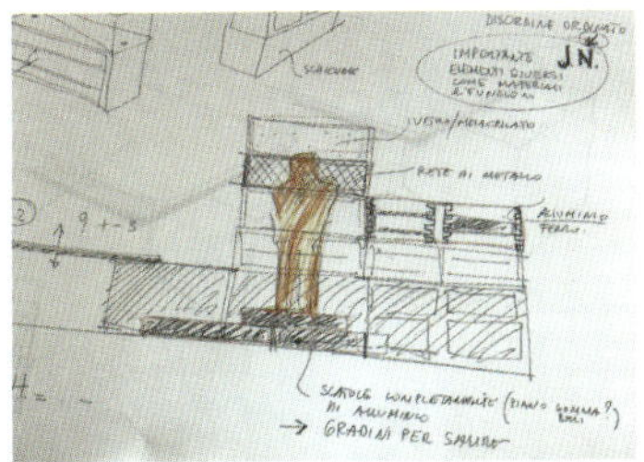

Al centro, sempre il lavoro nelle sue evoluzioni – dalla forma rigidamente codificata, al team, al lavoro personale – non più separato in rigide griglie organizzative e quindi formali, ma orientato piuttosto alla creazione di luoghi inclusivi nei quali esprimere il proprio talento e il proprio progetto di vita, luoghi fatti di trasparenze, colore, aperture, mobilità tra gli spazi. Una lunga transizione che segna il passaggio alla società post-industriale, dove è cambiata non solo la fabbrica ma anche la parte direzionale, e con essa la modalità di gestione e organizzazione del capitale umano.

UniFor è arrivata sempre un attimo prima, c'è stata al tempo della postazione fissa e nell'era della destrutturazione, fino al co-working, con quella consapevolezza fatta di cultura multidisciplinare che colloca i luoghi e gli spazi del lavoro fra i contesti sensibili più vibratili per comprendere le trasformazioni di ogni modernità. Lo ha fatto con l'intuizione che rimanda a una qualità orizzontale come presupposto per sviluppare il "buon lavoro" come fattore competitivo, a monte e non a valle nella costruzione del valore.

"L'arredo per ufficio ha sempre seguito l'evoluzione delle macchine, che poi imponevano anche la modalità del lavoro. Dalla macchina da scrivere al computer al portatile fino allo smartphone, l'ufficio chiede tipologie diverse di arredo che seguano le evoluzioni antropologiche e professionali. Io credo che le macchine variamente intese abbiano sempre condizionato l'ufficio e modificato forme e funzioni", spiega Marinelli.

Così il modello organizzativo di UniFor – basato su figure apicali definite e complementari – ha dato vita internamente a staff fortemente professionali e motivati, ed esternamente ha elaborato strategie per la condivisione della conoscenza e favorito la definizione di una filiera dedicata, cui delegare non solo la fornitura ma anche lo sviluppo di componenti specialistiche e parti della prototipazione. Se lo sviluppo del prodotto ha trovato nel talento di Piero Molteni – l'Ingegnere – il solido ancoraggio a una tradizione meccanica chiamata a elaborare soluzioni belle e utili, la dimensione manageriale ha avuto in Gianfranco Marinelli il necessario governo di un business che forniva occasioni e contesti sfidanti nei quali esprimere appieno il potenziale contenuto nell'impresa. Accanto a loro, figure che hanno definito best practices e sperimentazioni divenute poi catalogo, prodotto, icona. Sempre a partire da spazi che hanno contribuito a rendere ogni contesto un esempio di architettura contemporanea a forte caratura identitaria. È accaduto nei grandi edifici nelle capitali internazionali, nelle palazzine direzionali dei compound industriali, nelle riqualificazioni metropolitane di una nuova working class professionale e creativa. In tutto questo, l'alleanza strategica con l'architetto, una vocazione sin dalle origini, è stata quella necessaria interlocuzione, fatta di riconoscimento, fiducia e affidabilità, senza la quale nessun segno progettuale può tramutarsi in oggetto ingegnerizzato, industrializzato e infine commercializzato.

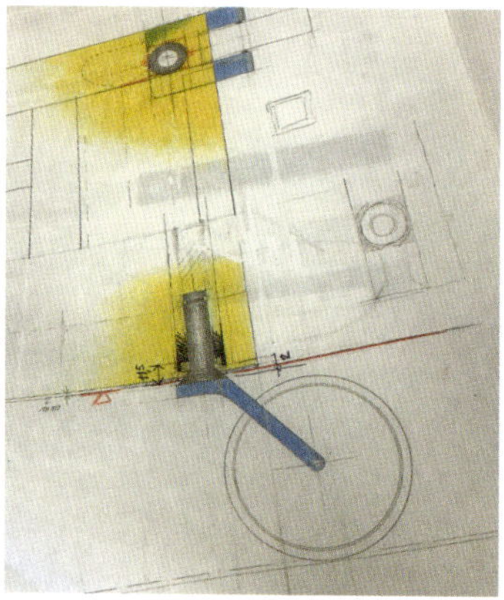

The payoff has been the unique experience of creating a manufacturing method that maintains the characteristics of both workmanship and a cognitive approach. This is the all-Italian heritage of the ancient Renaissance workshop, implemented in-house and in collaboration with the supply chains, where quality can be produced in quantity while maintaining the versatility and flexibility of the artisanal workshop and the seriality and reliability of an internationalized industry in terms of culture, relationships, and operations. This close attention to details—expressed in both relations and production capacity—has inevitably led to the creation of a network of branches in many countries. On the one hand, this has guaranteed the presence of the brand in markets that were crucial for commercial development and, on the other, it has embodied a service culture consisting of availability, rapid customer care and aftersales assistance. Giorgio Pogliani recalls a number of memorable stories of how, working with intelligence and passion alongside Piero Molteni and the architect Franco Grampella, they transformed the sketches and design intuitions of such figures as Aldo Rossi, Jean Nouvel, Richard Sapper, Tobia Scarpa, Michele De Lucchi, Luca Meda, Renzo Piano, and Pierluigi Cerri into tables, partitions, furnishings, and modular systems These stories contain adventures, anecdotes, and experiences of authentic dialogue with some of the great protagonists of twentieth-century architecture. The secret, which soon became a method, lay in the ability to empathize with the architect, to understand poetics, and to transform ideas, or rather to extract the essence of a formal thought and transfer it to an object. As Piero Molteni put it, "UniFor doesn't do the architect's job, it does what the architect wants and desires."

Su questo nasce la singolare esperienza di un "artigianato industriale" che mantiene i tratti dell'*artigiania* e del fare cognitivo: è il derivato tutto italiano dell'antica bottega rinascimentale, realizzato in proprio e insieme a filiere complementari, con la capacità di produrre la quantità della qualità. Con la versatilità e flessibilità produttiva e sperimentale dell'artigianato, ma anche con la serialità e l'affidabilità di un'industria internazionalizzata per cultura, relazioni, operatività. Un modello che poggia su una così grande cura – espressa sulla relazione e la capacità produttiva – si è inevitabilmente accompagnato alla creazione di un network di filiali in molti paesi del mondo che, per un verso, ha garantito il presidio e la presenza del marchio in mercati dedicati per lo sviluppo commerciale e, per l'altro, ha rappresentato e incarnato quella cultura del prodotto e del servizio fatta di assistenza, vicinanza, velocità legata alla customer care e all'aftersale. Alcune storie restano memorabili nei ricordi di Giorgio Pogliani, che al fianco di Piero Molteni e insieme all'architetto Franco Grampella ha trasformato con intelligenza e passione molti schizzi su carta, segni dell'intuizione progettuale di Aldo Rossi, Jean Nouvel, Richard Sapper, Tobia Scarpa, Michele De Lucchi, Luca Meda, Renzo Piano, Pierluigi Cerri, in tavoli, pareti, arredi, sistemi. Sono avventure, aneddoti, esperienze umane di dialogo autentico con alcuni grandi protagonisti dell'architettura del Novecento. Il segreto, che presto è diventato un metodo, è stato l'empatia con l'architetto, la capacità di capire le poetiche, di trasformare le idee, o meglio di estrarre l'essenza di un pensiero formale per trasferirla in un oggetto reale. Per dirla con Piero Molteni, "la UniFor non fa l'architetto, fa quello che gli architetti vogliono e desiderano".

Drawings, sketches, and model of Richard Sapper's *Secrétaire*, 1989.

Disegni, schizzi e modello del *Secrétaire* di Richard Sapper, 1989.

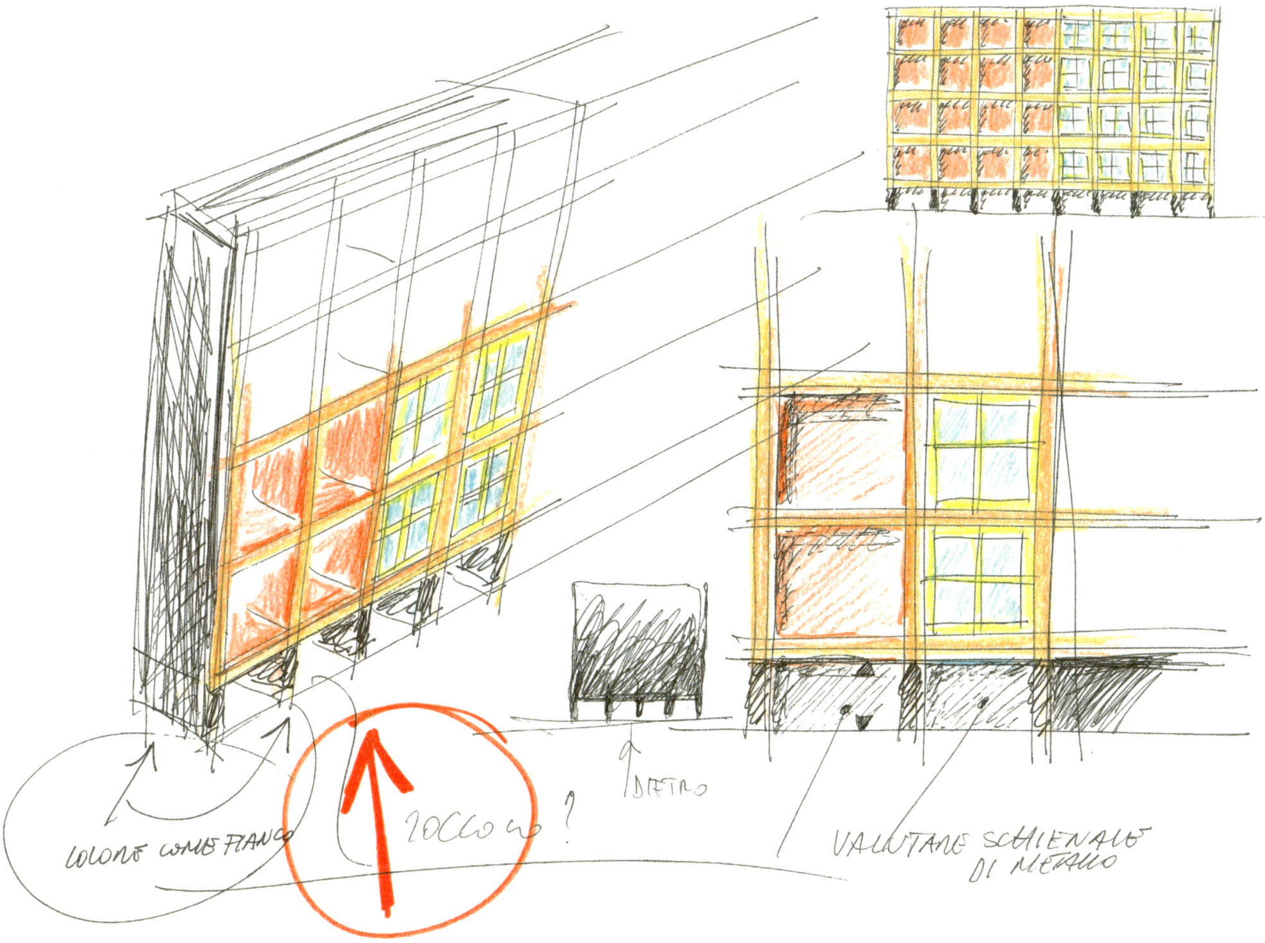

Sketches of Aldo Rossi's *Consiglio* bookcase, early 1990s.

Schizzi della libreria *Consiglio* di Aldo Rossi, inizio anni novanta.

Aldo Rossi and Piero Molteni, UniFor showroom, Paris, 1989.

Aldo Rossi e Piero Molteni, showroom UniFor, Parigi, 1989.

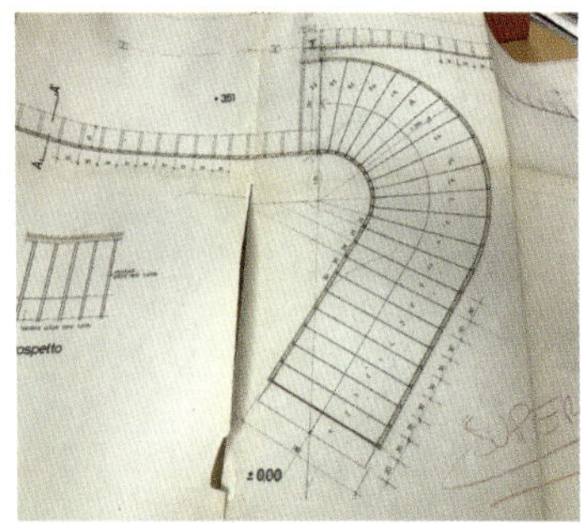

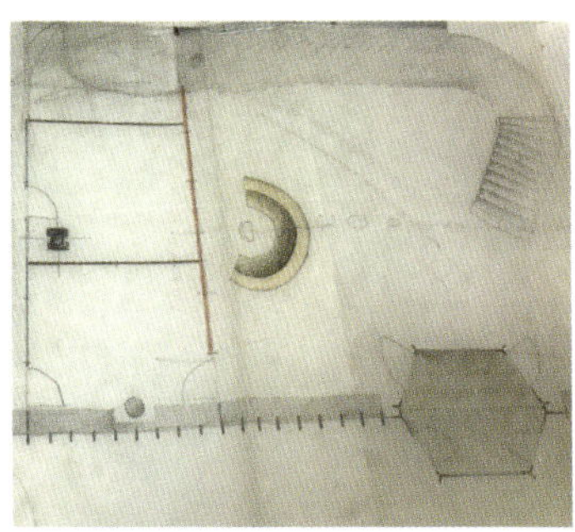

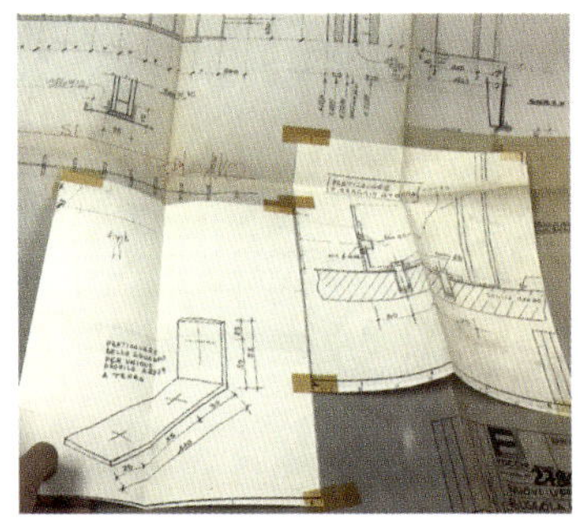

Angelo Mangiarotti's sketches and notes for the entrance staircase of the UniFor factory in Turate, early 1980s.

Schizzi e appunti di Angelo Mangiarotti per la realizzazione della scala e dell'ingresso dello stabilimento UniFor a Turate, inizio anni ottanta.

For each architect, crossing the gates of the UniFor complex—designed by Angelo Mangiarotti as a symbol and declaration of coherence—has meant entering into a cognitive and productive infrastructure that has always been committed to translating, each time, a new and different design grammar, and then representing it. A cultural enterprise ahead of its time, UniFor has been capable of combining know-how with knowing-how-to-be, in a constant dialogue between all of the figures involved—the architect, the manufacturer, and a demanding cosmopolitan clientele that incorporate into spaces and objects their needs and desires, imagination, and a sense of belonging. Analyzed ex-post, the response to such articulated requirements appears to derive from an entrepreneurial community that is open to significant external contributions offering expertise, experience, communication skills, a propensity to applied research, and incremental innovation with respect to materials, shapes, finishes, and changing functions. These are the preconditions for access to the world of contract furnishings, a valuable and complex market segment. "The contract sector, by its very nature, does not permit improvisation, because the end client, consisting of major contractors and global corporations, as was IBM, reverses the balance of power. This means that the supplier must pay close attention, establishing a precise course of action from start to finish so as not to suffer serious consequences. UniFor has always taken this approach, which was also adopted by the Molteni company as an entrepreneurial practice when it began to tackle this market," explains Marinelli.

A particularity of the tailor's skill, of made-to-measure service, is the ability to deliver a space from the floor on up.

UniFor has occupied an eccentric position in the office world, prescient in the definition of its position, structured in its commercial offerings, solid in its operational and productive capacity, versatile with respect to problem solving, and with a flexible business community in terms of size and specialization. Always at the center are the project, the architecture, and the architect, drivers of the recent development of the workplace as well as of the sense of identity, participation, and sociality that dwells in contemporary public spaces. Every project is a story, every story is a challenge, and every challenge is a source of new knowledge, starting from the details—studied, analyzed, viewed and reviewed because, as Pogliani recalls, "as Tobia Scarpa used to say, the devil is not in the details, God is."

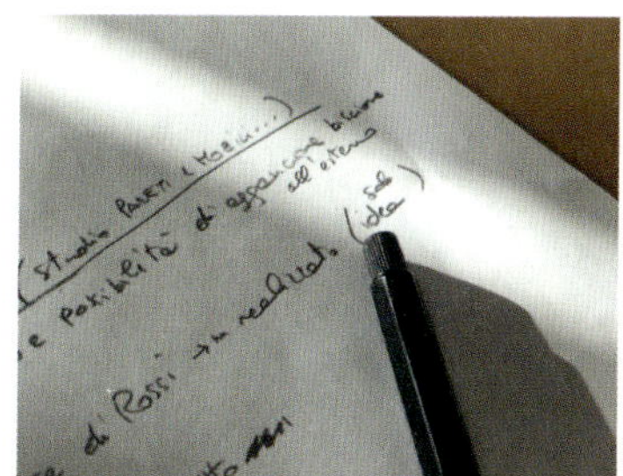

Per ognuno di loro varcare i cancelli del compound progettato da Angelo Mangiarotti – un segno di coerenza e allo stesso tempo un manifesto – è stato entrare in un'infrastruttura cognitiva e produttiva impegnata a tradurre, ogni volta, una diversa grammatica progettuale, e successivamente a rappresentarla. Impresa culturale *ante litteram*, UniFor ha saputo contaminare il saper fare con il saper essere, in un dialogo incessante fra tutte le identità in campo – quella dell'architetto, quella della manifattura, quella di una committenza esigente e cosmopolita che incorpora nei luoghi e negli oggetti bisogni e desideri, immaginari e senso di appartenenza. Analizzata ex-post, la risposta a una domanda così articolata appare figlia di una comunità aziendale aperta a contributi esterni qualificanti, fatta di competenza, esperienza, relazione e propensione alla ricerca applicata, innovazione incrementale rispetto a materiali, forme, finiture, funzioni mutevoli. Saranno queste le precondizioni per l'accesso al mondo del contract, un segmento di mercato pregiato e complesso. "Il contract per sua natura non ammette improvvisazione, perché l'utente finale, grandi contractor e corporation di livello mondiale, come è stata IBM, rovesciano i rapporti di forza. Con la conseguenza che il fornitore deve porre la più grande attenzione. Bisogna stabilire una linea di condotta molto rigorosa, dall'inizio alla fine, per non subire conseguenze gravi. Questo atteggiamento, che la UniFor ha sempre avuto, si è trasferito come pratica imprenditoriale anche alla Molteni quando ha cominciato ad affrontare questo mercato", racconta Marinelli.

Peculiarità di quello sguardo sartoriale, di quel "su misura", la capacità di consegnare uno spazio fin dagli zoccoli del pavimento.

UniFor ha interpretato una posizione eccentrica nel mondo dell'ufficio, preveggente nella definizione del proprio spazio di posizione, strutturata nella proposta commerciale, solida nella capacità operativa e produttiva, versatile rispetto al problem solving, con una comunità aziendale flessibile in dimensione e specializzazione. Al centro il progetto, l'architettura e l'architetto: i driver dello sviluppo recente legato ai luoghi del lavoro ma anche a quella domanda di identità, condivisione e socialità dello spazio pubblico contemporaneo. Ogni progetto una storia, ogni storia una sfida, ogni sfida una sorgente di nuova conoscenza, a partire dai dettagli – studiati, analizzati, visti e rivisti poiché, ricorda Pogliani, "come ci diceva Tobia Scarpa, nei dettagli non c'è il diavolo, c'è Dio".

Giorgio Pogliani at the UniFor stand, Orgatec 2010, Cologne.

Giorgio Pogliani allo stand UniFor, Orgatec 2010, Colonia.

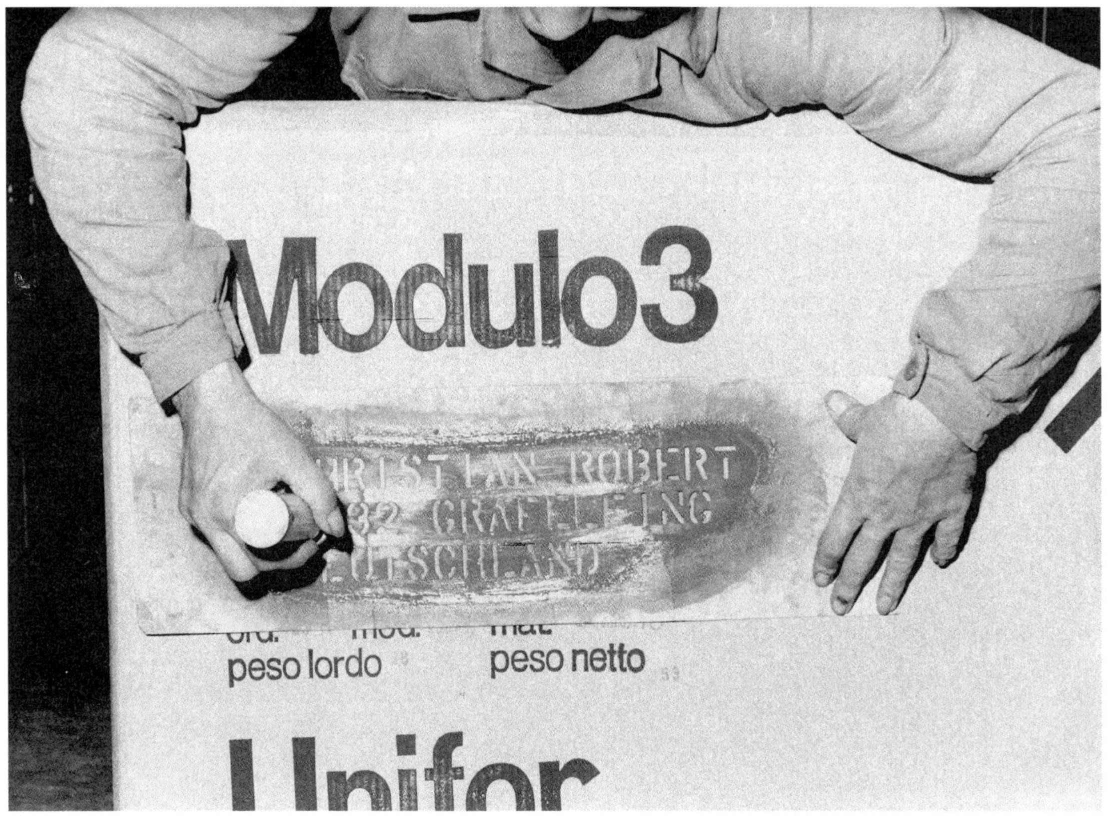
Modulo3
ROBERT
peso lordo
peso netto
Unifor

From the factory to the world

Dalla fabbrica al mondo

Autographed color photo of Aldo Rossi's *Parigi* armchair and sofa on show at the Designers' Saturday, UniFor showroom, Paris, 1989.

Fotocolor autografato della poltrona e del divano *Parigi* di Aldo Rossi esposti al Designers' Saturday, showroom UniFor, Parigi, 1989.

From the factory to the world

Contrary to geographic evidence, a direct line has connected Turate to Paris since 1975, when, just a year after Angelo Mangiarotti built the first nucleus of the UniFor factory, the Molteni Group purchased a property at 6 Rue des Saints-Pères. UniFor France was established in 1978 in response to the expansion of the office furniture market promised by the "American-style" business district of La Défense. In 1979, Afra and Tobia Scarpa were entrusted with the task of restoring and furnishing the new space for use as a showroom and for receiving clients.

Establishing a branch of the company in Paris confirmed their international aspirations, which were soon rewarded by the first American commissions, including a prestigious job in 1975 for the IBM headquarters in Mount Pleasant, New York. Nominating the Scarpas as the architects confirmed and reinforced the mutual admiration and empathy that had characterized the relationship between two generations of the Molteni family with the husband-and-wife team from Veneto since 1972. At that time, Afra and Tobia Scarpa were already prestigious figures in the world of architecture and industrial design in Italy. Gifted with an uncommon ability to deal with projects at both ends of the scale, they had invented a new type of industrial production space—an example being the Benetton factory in Ponzano (1964)—and designed objects and furnishings with an original vision of modernity that combined the wisdom of craft traditions with a perfect knowledge of materials. They were skeptical of the pride in technology that characterized much of the experimentation of the 1970s and their investigations were animated by a particular and unmistakable state of grace that allowed them to give life to products of exquisite workmanship, with an unpretentious classicality that made them timeless, and therefore always current. They had been working with the elite companies of the Italian furniture industry since 1960, from Gavina to B&B and Cassina, and started collaborating more intensely with Molteni&C in 1972, thanks also to the success of the *Morna* bed and the *Monk* chair.

Dalla fabbrica al mondo

Contro ogni geografia, è una linea diretta quella che collega Turate con Parigi, dove nel 1975 – un anno dopo l'insediamento nel primo nucleo dello stabilimento di Angelo Mangiarotti – il Gruppo Molteni acquista, al numero 6 di rue des Saints-Pères, un appartamento. Nel 1978, sotto la promessa dell'espansione del mercato dei mobili d'ufficio che il quartiere "all'americana" della Défense andava sostenendo con vigore, si costituisce UniFor France e, nel 1979, viene affidato alle cure di Afra e Tobia Scarpa il compito di restaurare e arredare lo spazio in funzione di showroom e accoglienza clienti.

Se la scelta di Parigi conferma la vocazione internazionale della nuova azienda – sostenuta dal successo delle prime commesse americane, come quella prestigiosa, nel 1975, per gli headquarters dell'IBM a Mount Pleasant, nello stato di New York – la scelta dei due architetti veneti conferma e rinforza la stima e l'empatia che, sin dagli esordi nel 1972, caratterizzano i loro rapporti con le due generazioni della famiglia Molteni. Afra e Tobia Scarpa sono al momento già firme prestigiose dell'architettura e del design italiani: con abilità non comune padroneggiano entrambi i versanti della scala del progetto, capaci di cimentarsi nell'invenzione di una nuova tipologia di spazio produttivo industriale – come nella fabbrica Benetton a Ponzano (1964) – e nel disegno di oggetti e arredi in cui la sapienza della tradizione artigiana e la perfetta conoscenza dei materiali si combinano in una visione inedita della modernità. Poco confidente nell'orgoglio della tecnica che percorre la sperimentazione degli anni settanta, la loro ricerca è animata da un particolare e inconfondibile stato di grazia, che consente loro di dar vita a prodotti di fattura squisita, con la vocazione a una classicità non pretenziosa e senza tempo, quindi attuale. Dal 1960 disegnano e producono per il gotha dell'industria italiana del mobile, da Gavina a B&B a Cassina e a Molteni&C, che nel 1972, grazie anche al successo del letto *Morna* e della sedia *Monk*, avvia con loro un'intensa collaborazione.

The Scarpas' sensitivity to architectural context made them particularly suited to jobs involving older buildings, as for instance the house on Rue des Saints-Pères, which dated back to the Haussmann period. Thus it seemed only logical and natural to ask them to convert the narrow spaces of the building into a place capable of transmitting the company's message: modernity, efficiency, and elegance as integral parts of an approach that sees design as a global strategy, one in which the quest for the perfect solution is not based on an algorithm of functions, but rather on ethical values and on faith in the "civilization of machines."

The Scarpas' project met, and perhaps went beyond, every expectation. Considering that the company had chosen from the very beginning the path of unification, seriality, and modularity, the exquisitely artisanal approach to the project for their Paris headquarters seemed almost paradoxical. The archival documents concerning the renovation are faithful transcriptions of a tireless experimentation process, with numerous sketches demonstrating that every detail was entirely custom-designed, even such small, utilitarian elements as the storm drains and the housing for the electrical outlets. In digging through the drawings to reconstruct the sequence of design decisions and strategies, what comes to mind, not surprisingly, are the architectural virtuosities of Carlo Scarpa's Olivetti showroom in Piazza San Marco, Venice.

External facade of the UniFor Paris showroom in Rue des Saints-Pères.

Facciata esterna dello showroom UniFor a Parigi in rue des Saints-Pères.

La sensibilità degli Scarpa per la testualità dell'architettura li mette in una posizione privilegiata in tutti quei casi in cui si impone di intervenire su manufatti del passato, come per l'edificio haussmanniano di rue des Saints-Pères. Sembra logico dunque, naturale, chiedere a loro di rimettervi mano per ricavare, negli stretti spazi dello stabile parigino, una sede capace di trasmettere il messaggio dell'azienda: modernità, efficienza ed eleganza sono parte di un progetto che ritiene il design una strategia globale e integrata, dove la ricerca dell'esatta soluzione non sia risultato di un algoritmo funzionale, ma valore etico e atto di fiducia nella "civiltà delle macchine".

La risposta degli Scarpa è all'altezza delle ambizioni, forse addirittura al di sopra delle aspettative: per un'azienda che ha scelto sin dall'inizio la strada dell'unificazione, della serialità, della modularità, un progetto di trasformazione di spazi di natura squisitamente artigianale sembra quasi un paradosso. I documenti d'archivio del restauro dello showroom parigino restituiscono la fedele trascrizione di un processo instancabile di sperimentazione sul luogo e dentro il luogo: ogni dettaglio – come testimoniano i numerosissimi schizzi di studio – è interamente disegnato, persino quegli elementi più minuti e apparentemente tecnici, come i tombini dei pluviali o gli incassi delle prese elettriche. Inutile dire che, scavando nei documenti per ricostruire la sequenza delle scelte e la strategia di disegno, vengono alla mente i celebri "assolo" di Carlo Scarpa nello showroom Olivetti in piazza San Marco a Venezia.

Afra and Tobia Scarpa, facade of the UniFor Paris showroom in Rue des Saints-Pères, 1979.

Afra e Tobia Scarpa, facciata dello showroom UniFor a Parigi in rue des Saints-Pères, 1979.

The younger Scarpa certainly had a heavy legacy on his shoulders, but he nonetheless proved himself capable of defining his own identity: the solutions implemented at Rue des Saint-Pères reveal an idiosyncratic and confident hand that extends from the shaping of the spaces to the design of the fittings.

Though industrial design is by nature repeatable, interior architecture is tied to a particular place and condition. The Scarpas created a device that explodes with inventions, which play on the interlocking of materials and on close attention to such minute details as the elements of the main staircase. Dominating the sequence of rooms for the way in which it is detached from the wall, the stair became an autonomous form, almost a virtual drawbridge. The second staircase on the other side of the building would not be visible from below were it not for the deliberate overhang of the first step.

The flexibility of those spaces and their ability to be "reinterpreted," almost as if they were legacies of the past capable of accepting new imprints, was put to the test in 1984 with an exhibition organized by Luca Meda and Giorgio Pogliani. In a new reading of the space with its two distinctive staircases, Meda and Pogliani inserted a long wall parallel with the facade of the building and made of assembled elements in sheet metal. The new wall resulted in a series of small spaces for the furnishing displays, in this way giving new meaning to the original layout by Afra and Tobia Scarpa: the elongated room with the long side running along the street took on the connotation of an internal street that connected—but also hid—the more private rooms. From the actual street, the shop windows acted as frames providing glimpses of a layered effect, created by a second metallic wall that concealed —and occasionally revealed—the existing structure.

Aldo Rossi's *Parigi* armchair on show at the Designers' Saturday, UniFor showroom, Paris, 1989.

Poltrona *Parigi* di Aldo Rossi esposta al Designers' Saturday, showroom UniFor, Parigi, 1989.

Un'eredità pesante, certo, per un giovane architetto che tuttavia si rivela abile e preparato nello schivare il pericolo del raffronto paterno: le soluzioni espresse in rue des Saint-Pères mettono in luce una scrittura idiosincratica e sicura, che si estende dalle definizioni d'ambiente a quella della scala del design.

Se il design è però per sua natura riproducibile, l'architettura d'interni è legata a un luogo e a una condizione particolare: quello degli Scarpa è un dispositivo scoppiettante – un sistema – di invenzioni giocate sugli incastri di materiali, sulle minute definizioni di elementi come la scala, ad esempio, protagonista a suo modo della sequenza di ambienti per il suo staccarsi dal muro e costituirsi come forma autonoma, quasi un virtuale ponte levatoio. O come il gradino flottante della seconda scala dall'altro lato – invisibile da sotto, se non per quel deliberato incipit aggettato in avanti.

Nel 1984, la mostra organizzata da Luca Meda e Giorgio Pogliani fornisce la prova del nove della flessibilità degli spazi, della loro docilità a essere "reinterpretati", quasi come lasciti del passato su cui sia possibile inserire segni diversi. Meda e Pogliani rileggono lo spazio segnato dalle due scale progettando un lungo muro, parallelo a quello perimetrale dell'edificio, costituito da elementi di lamiera. Il muro disegna piccoli vani dentro i quali allestire il teatrino dei mobili, e in tal modo dà un nuovo significato all'impostazione originaria di Afra e Tobia Scarpa (un ambiente di forma allungata con il lato lungo verso la strada) conferendogli l'aspetto di una strada interna, di una passerella che collega – ma anche nasconde – stanze più private. Dalla strada reale, invece, l'inquadratura delle finestre lascia intravedere un effetto di strati: una seconda parete metallica che a sua volta nasconde – ma anche rivela a tratti – la struttura esistente.

Designers' Saturday devoted to the work of Aldo Rossi, UniFor showroom, Paris, 1989.

Designers' Saturday dedicato al lavoro di Aldo Rossi, showroom UniFor, Parigi, 1989.

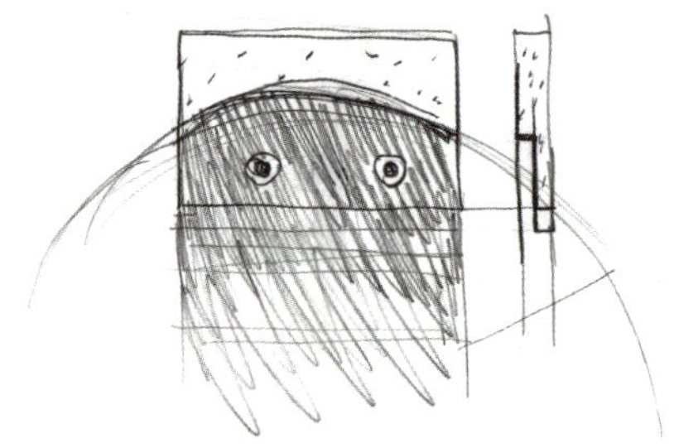

Detail of the bollard that holds back the curtains and design details and sketches by Afra and Tobia Scarpa for the UniFor showroom in Paris.

Dettaglio della bitta d'ormeggio che permetteva di trattenere i tendaggi e schizzi progettuali di Afra e Tobia Scarpa per lo showroom UniFor a Parigi.

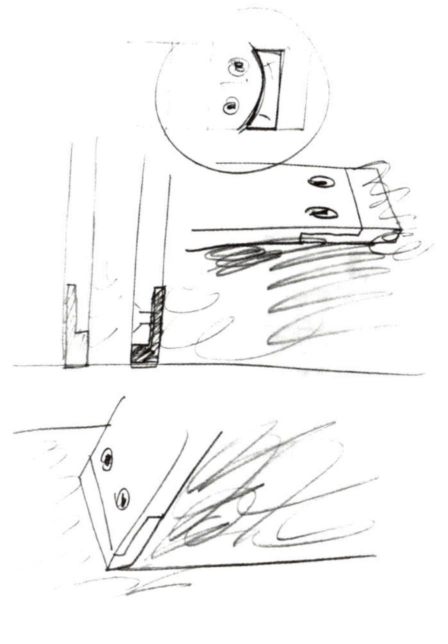

Sketches and photographs of the removable steps designed by Afra and Tobia Scarpa for the UniFor showroom in Paris.

Schizzi e fotografie della scala rimovibile progettata da Afra e Tobia Scarpa per lo showroom UniFor a Parigi.

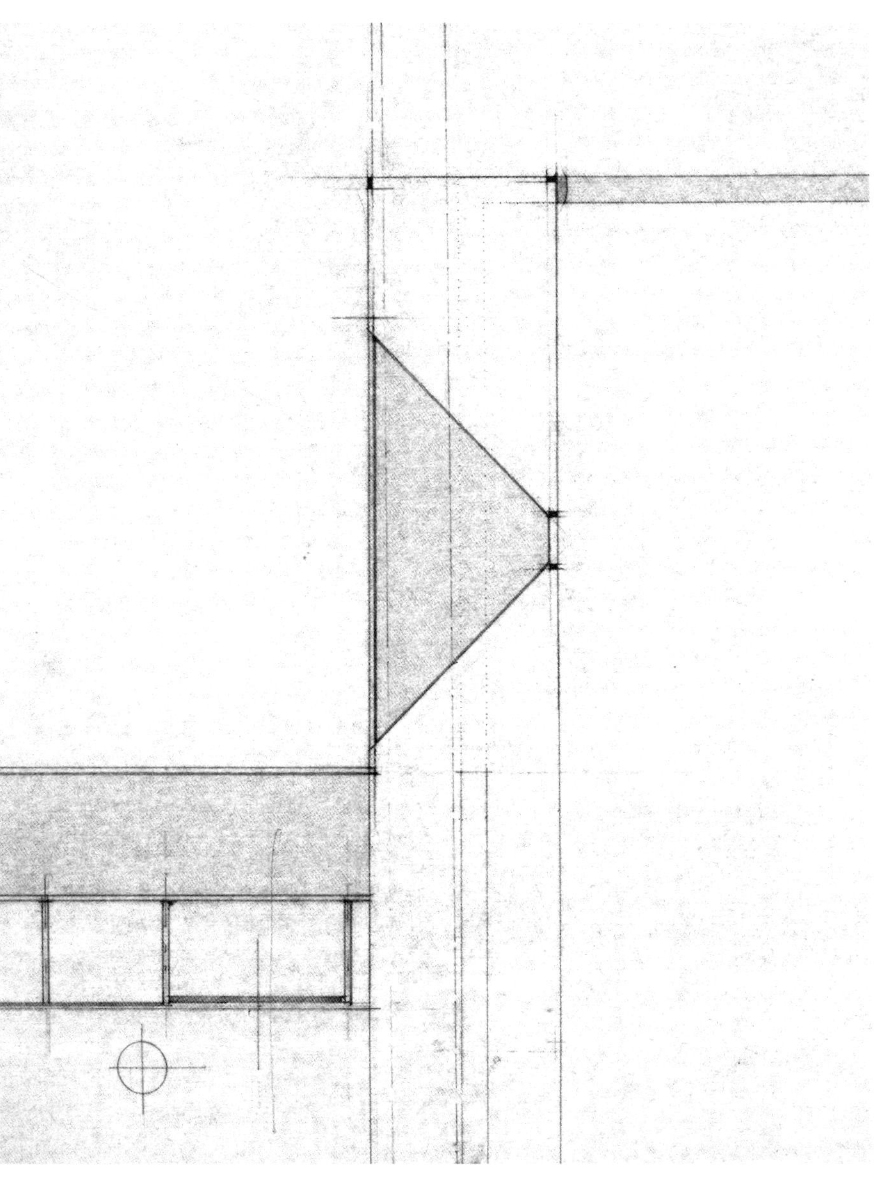

Drawing and photograph of the "spy hole" designed by Afra and Tobia Scarpa for the UniFor showroom in Paris that allows you to see outside while making the space articulated and mysterious.

Disegno e fotografia dello "spioncino" progettato da Afra e Tobia Scarpa per lo showroom UniFor a Parigi che permette di vedere l'esterno rendendo lo spazio articolato e misterioso.

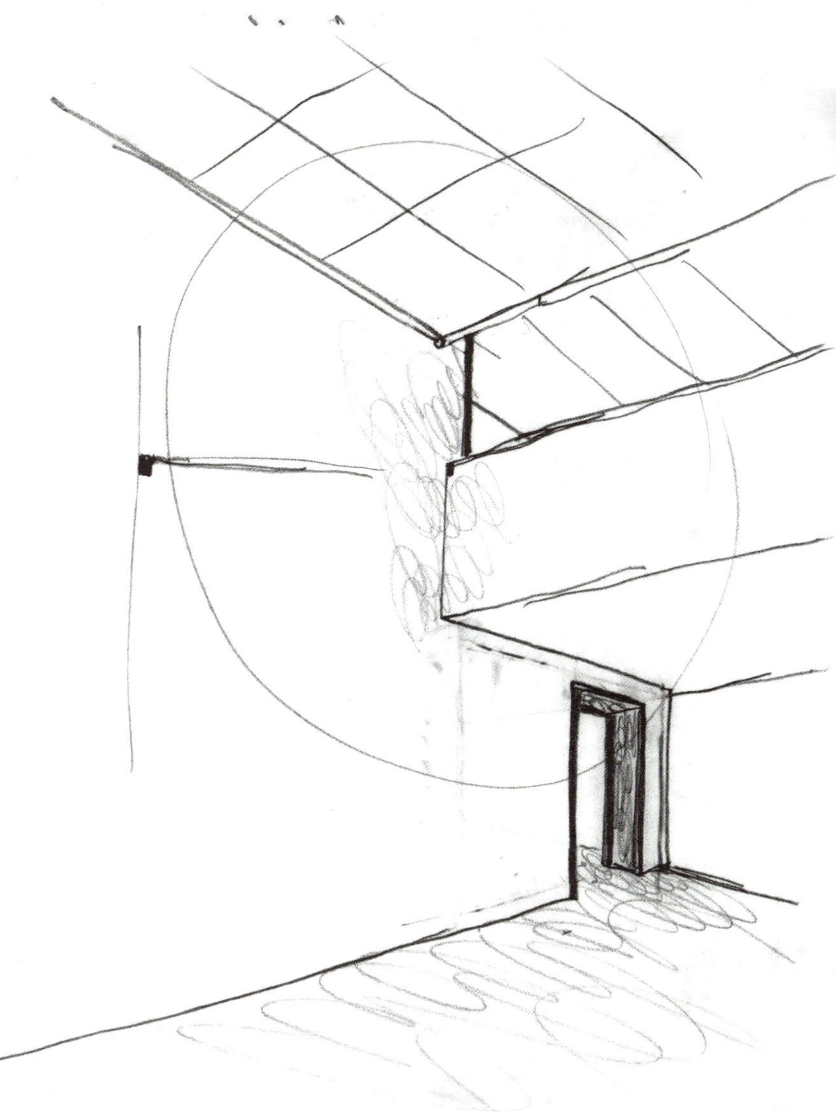

Sketch of the space and photographs of the brass details designed by Afra and Tobia Scarpa for the UniFor showroom in Paris.

Schizzo dello spazio e fotografie dei dettagli in ottone progettati da Afra e Tobia Scarpa per lo showroom UniFor a Parigi.

UNIFOR

Approximately ten years later, in 1988, another enterprise reinforced the relationship between the Molteni family and the Scarpas: the flagship store on Corso Matteotti in Milan. Opening a store in the capital of design is a demanding undertaking. With the eyes of a well-established tradition watching with severity, you cannot afford to make mistakes. By that time the art of window dressing in Milan had become complementary to the architecture: the displays required an experimental approach precisely because they were ephemeral in nature. Thus the UniFor store also became a medium for communicating the company image. As with Paris, the project in Milan seemed almost paradoxical: the architects chose, for this shop designed to present modern office furnishings, the theme of "decor" in its dual meaning of social recognition and aesthetic enrichment. Where one might have expected a triumph of the machine aesthetic and the apparent ultra-rationality of the mass-produced industrial artifact, Afra and Tobia Scarpa instead created an environment characterized by delightful artisanal details. In their usual unaffected manner they opened the doors to the pre-industrial past and to the memory of the craft techniques of the Venetian culture—marble, polished stuccowork, mosaics, and cocciopesto.

Più o meno dieci anni dopo, nel 1988, un altro tour de force rinsalda l'intesa tra la famiglia Molteni e gli Scarpa: il flagship store di corso Matteotti a Milano. Un intervento impegnativo nella capitale del design, dove non si può sbagliare perché gli occhi di una consolidata tradizione vigilano con severità. Nella città dove l'allestimento delle vetrine è diventato un'arte complementare a quella dell'architettura – architetture effimere ma proprio per questo esigenti nella sperimentazione – lo spazio UniFor diventa obbligatoriamente un negozio-manifesto. Come a Parigi, anche a Milano si sfiora il paradosso: in un negozio dove si presentano moderni mobili per ufficio, il tema individuato come prioritario dagli architetti è quello del "decoro", nella sua duplice accezione di riconoscimento sociale di uno stato e di arricchimento estetico. Lì dove ci si aspetterebbe il trionfo del macchinismo – l'apparente ultra-razionalità del manufatto industriale di serie – Afra e Tobia Scarpa costruiscono una scena con l'attenzione minuta dell'approccio artigianale: aprono la porta al passato pre-industriale, alla memoria – da loro praticata sempre con naturalezza – delle tecniche di lavorazione della cultura veneta: i marmorini, gli stucchi lucidi, il mosaico, il seminato cocciopesto.

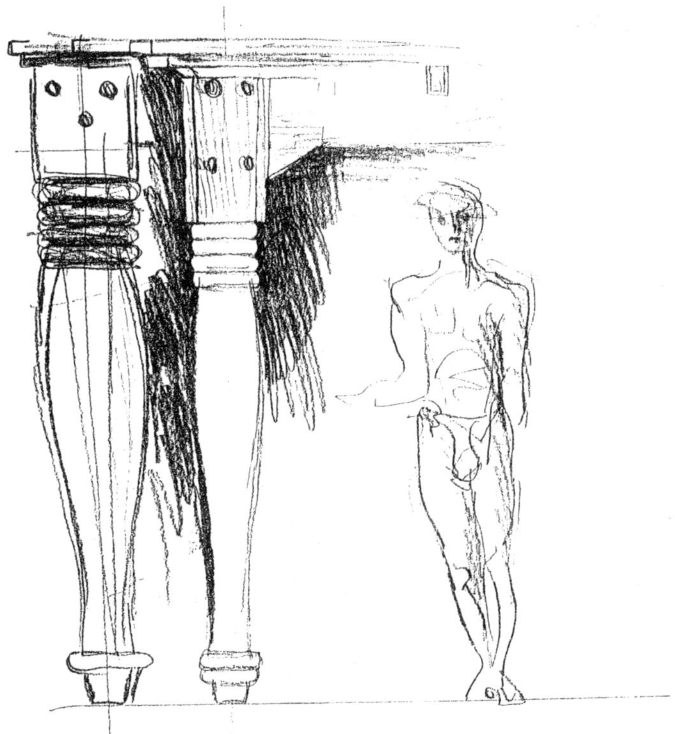

Sketch of the out-of-scale table designed by Afra and Tobia Scarpa for the UniFor store window in Milan and subsequently moved to the hall of the factory in Turate, 1989.

Afra e Tobia Scarpa, schizzo del tavolo fuori scala progettato per la vetrina del negozio UniFor a Milano e successivamente sistemato nella hall dello stabilimento di Turate, 1989.

Left: UniFor store window in Milan designed for the inauguration in 1989.

A sinistra: vetrina del negozio UniFor di Milano allestita per l'inaugurazione nel 1989.

UniFor store, Milan, interior with the table designed by Afra and Tobia Scarpa for the inauguration, 1989.

Negozio UniFor, Milano, interno con il tavolo disegnato da Afra e Tobia Scarpa per l'inaugurazione, 1989.

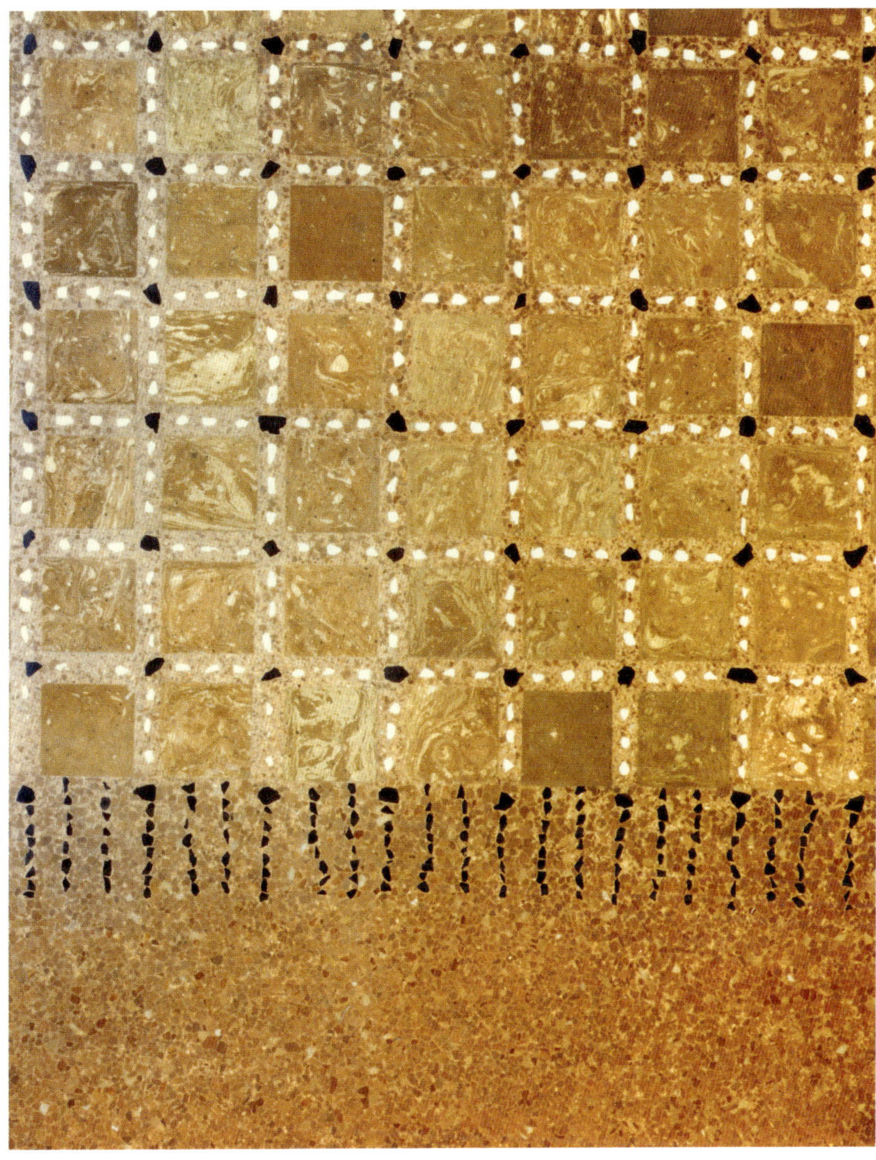

UniFor store, Milan, detail of the flooring and its making, 1989.
Negozio UniFor, Milano, dettaglio della pavimentazione e fasi della sua realizzazione, 1989.

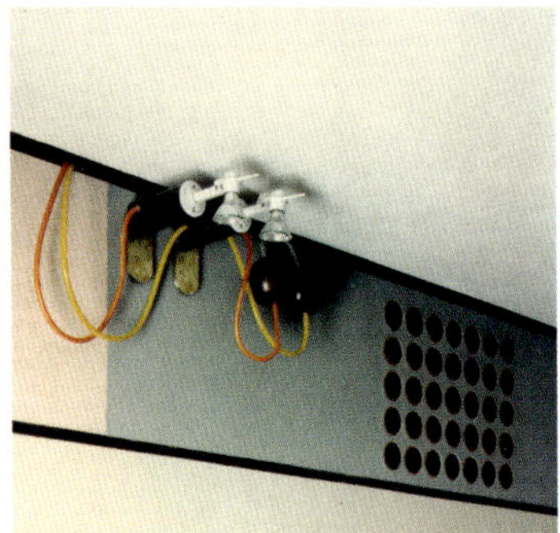

UniFor store, Milan, staircase designed by Afra and Tobia Scarpa, 1989.

Negozio UniFor, Milano, scala disegnata da Afra e Tobia Scarpa, 1989.

UniFor store, Milan, view of the gallery with the *Mix* chairs in the background and the *Parigi* armchair on the left, 1989.

Negozio UniFor, Milano, vista del soppalco con le sedute *Mix* sullo sfondo e la poltrona *Parigi* a sinistra, 1989.

In this showroom, where some of the finest works of industrial production would be put on display, they inserted a wooden table that might have had the anonymous air of a humble workbench were it not for the fact that it was huge—disorientingly so. Like an avant-garde totem, the big table has continued to preside over exhibitions of UniFor's latest projects, from Fernando Urquijo's and Giorgio Macola's desks to Luca Meda's steel partitions and his *Misura* desk.

From shop to icon was just a small, almost immediate, step. Over the years the space has hosted a number of important exhibitions on the occasion of events like the Salone del Mobile, as well as the "Christmas windows" that go up each year in December, offering a magical display of abstract forms, colors, and lights.

Free from every direct representation of products, over time the windows of the UniFor showroom on Corso Matteotti have become a means of communicating a precise company identity, a confirmation of the circular prophecy made by Gio Ponti on the eve of the birth of industrial design: if in those days the world of art was in love with industry, now it is industry that has declared its love for art.

UniFor store, Milan, store window dedicated to Aldo Rossi designed by Pierluigi Cerri, January 1995.

Negozio UniFor, Milano, vetrina dedicata ad Aldo Rossi progettata da Pierluigi Cerri, gennaio 1995.

Nel teatrino dove si mostreranno, di volta in volta, i più efficienti risultati della produzione industriale, mettono a guardia un tavolo ingrandito, dal sapore anonimo di un umile utensile di sempre: ingrandendolo, però, lo restituiscono allo straniamento delle avanguardie, figurandolo come un totem sotto cui far sfilare gli ultimi ritrovati della ricerca UniFor, dalle scrivanie di Fernando Urquijo e Giorgio Macola ai pannelli di lamiera e alla scrivania *Misura* di Luca Meda.

Da negozio a icona il passo è breve, immediato: tanto da prestarsi negli anni a una serie significativa di allestimenti d'autore in occasione di eventi come il Salone del Mobile, o di ricorrenze come le "vetrine di Natale" che, ogni dicembre, promettono alla città lo spettacolo augurale di una magia di colori, di forme libere e di luci.

Svincolate da ogni diretta rappresentazione del prodotto, le vetrine di corso Matteotti sono diventate nel tempo testimonial di una precisa identità aziendale, chiudendo il cerchio della profezia di Gio Ponti alla vigilia dell'industrial design: se allora l'arte mostrava di innamorarsi dell'industria, ora è l'industria che dichiara di essersi innamorata dell'arte.

UniFor store, Milan, store window dedicated to Jean Nouvel's *Less* table designed by Pierluigi Cerri, April 1995.

Negozio UniFor, Milano, vetrina dedicata al tavolo *Less* di Jean Nouvel progettata da Pierluigi Cerri, aprile 1995.

UniFor store, Milan, store window dedicated to the XVII Premio Compasso d'Oro 1994 for UniFor's corporate identity curated by Pierluigi Cerri, March 1995.

Negozio UniFor, Milano, vetrina dedicata al XVII Premio Compasso d'Oro 1994 per l'immagine coordinata UniFor curata da Pierluigi Cerri, marzo 1995.

UniFor store, Milan, store window dedicated to Michele Reginaldi's sculptures designed by Studio Cerri & Associati, Christmas 2011.

Negozio UniFor, Milano, vetrina dedicata alle sculture di Michele Reginaldi, progetto Studio Cerri & Associati, Natale 2011.

UniFor store, Milan, store window dedicated to Álvaro Siza's *Régua* chair designed by Studio Cerri & Associati, October 2012.

Negozio UniFor, Milano, vetrina dedicata alla sedia *Régua* di Álvaro Siza, progetto Studio Cerri & Associati, ottobre 2012.

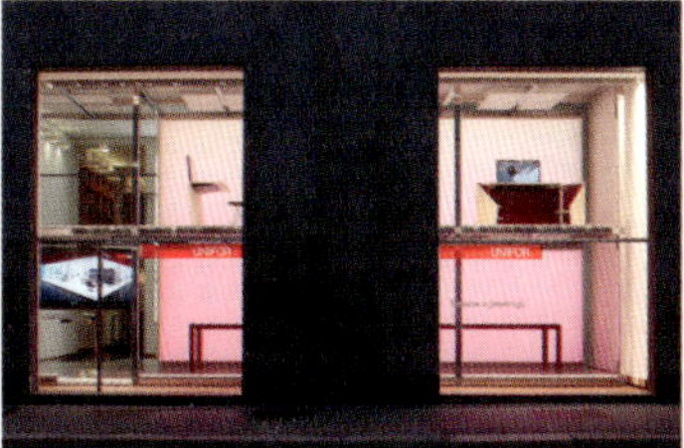

UniFor store, Milan, Christmas 2012 window display designed by Studio Cerri & Associati.

Negozio UniFor, Milano, vetrina Natale 2012, progetto Studio Cerri & Associati.

UniFor store, Milan, Christmas 2016 window display designed by Studio Cerri & Associati.

Negozio UniFor, Milano, vetrina Natale 2016, progetto Studio Cerri & Associati.

UniFor store, Milan, Christmas 2017 window display designed by Studio Cerri & Associati.

Negozio UniFor, Milano, vetrina Natale 2017, progetto Studio Cerri & Associati.

UniFor store, Milan, Christmas 2018 window display designed by Pierluigi Cerri Studio.

Negozio UniFor, Milano, vetrina Natale 2018, progetto Pierluigi Cerri Studio.

Small works
of ephemeral architecture

Piccole architetture
effimere

UNIFOR

Small works of ephemeral architecture

A trade fair for a company is like the track for an athlete or the pitch for a soccer player: it is a test of stamina over a very brief lapse of time. The primary ingredients of the necessary mix of strength, speed, and adrenaline are technical ability and athletic conditioning.

You have just ninety minutes, or a few days, to enter the competition arena, win the admiration of the public and convince them that your products are the most innovative and advantageous, all the while asserting the primacy of your brand as a guarantee of quality.

The halls where trade fairs are held look the same around the world—huge, airy hangar-like buildings. But their floors feel more like a race car track: everything must be readied ahead of time, down to the smallest detail, and then it all seems over in an instant. In anticipation of the event, everyone on the team of designers, technicians, and salespeople contributes something to help answer the usual question: how can we distinguish ourselves from the others in those bland spaces, where every stand is competing for the attention of the buyers?

To score a goal, the communication department must give production an assist, packaging the message that best fits the identity of the company and transforming it into a brand. The result is a group achievement in which individual skills blend into a collaborative effort. Going back to auto racing, we could say that the team's attention goes to the entire machine and not just to the driver.

Piccole architetture effimere

Per un'azienda una fiera di settore è come l'arena per un corridore, il campo di calcio per un giocatore: una prova di resistenza in un tempo breve, in cui capacità tecnica e tenuta atletica sono le particelle elementari di un mix di forza, velocità e adrenalina.

In novanta minuti, o in pochi giorni, bisogna scendere nell'arena della competizione, strappare l'ammirazione del pubblico, convincerlo della novità e della convenienza di ogni prodotto, confermando il primato del marchio come garanzia di qualità.

Gli spazi delle fiere si assomigliano tutti, in tutto il mondo, come hangar spaziosi che ospitano al suolo la pista dove si sfideranno le auto da corsa: tutto va preparato minuziosamente, tutto deve essere svolto velocemente. In vista dell'evento, lo staff dei progettisti, dei tecnici, degli addetti alle vendite si getta nella mischia delle idee per trovare risposte vincenti all'abituale quesito: come distinguersi dalla concorrenza in quegli spazi indifferenziati, dove ogni stand si contrappone all'altro per catturare l'attenzione del compratore?

Per fare goal, la comunicazione deve dare l'assist alla produzione, deve confezionare il messaggio più appropriato all'identità dell'azienda, trasformandolo in brand. Il risultato è di gruppo, le singole competenze sfumano nella collaborazione: l'attenzione è alla macchina e non solo a chi la guida.

It's not enough to depend on the product alone if you don't frame it properly. The limited space must be carefully designed so that it brilliantly accommodates the tables, chairs, and containers in a manner that is congruent with the characteristics of the products. At the same time, the space must be seductive enough to attract the attention of passersby at first glance, lest they be distracted by your competitors.

As is UniFor's tradition, every project is based on architecture and on an architect, whom the company strives to serve with both the utmost competence and creativity, devising satisfactory responses to everything the space and its organization may require. Thus it is natural in the case of trade fair fit-outs to start with the space itself, each time calibrating the best stance to take—one that will instantly make the public realize that they are in front of a beautiful work of architecture, ephemeral as it may be.

Affidarsi al prodotto da solo non basta se non si provvede alla necessaria cornice: al disegno di quel ristretto segmento di spazio entro cui ambientare tavoli, sedie e contenitori in maniera brillante, congruente con le caratteristiche del prodotto e abbastanza seducente da attrarre al primo sguardo un'attenzione pronta a distrarsi nell'offerta dei competitors.

Nella tradizione di UniFor, alla base di ogni progetto ci sono un'architettura e un architetto: da servire con la massima competenza e creatività, escogitando risposte pertinenti ai requisiti dello spazio, ai criteri della loro organizzazione. Naturale dunque che proprio dallo spazio bisogna partire, calibrando di volta in volta la giusta posizione – quella che convincerà all'istante di trovarsi di fronte a un'architettura effimera ma di grande valore.

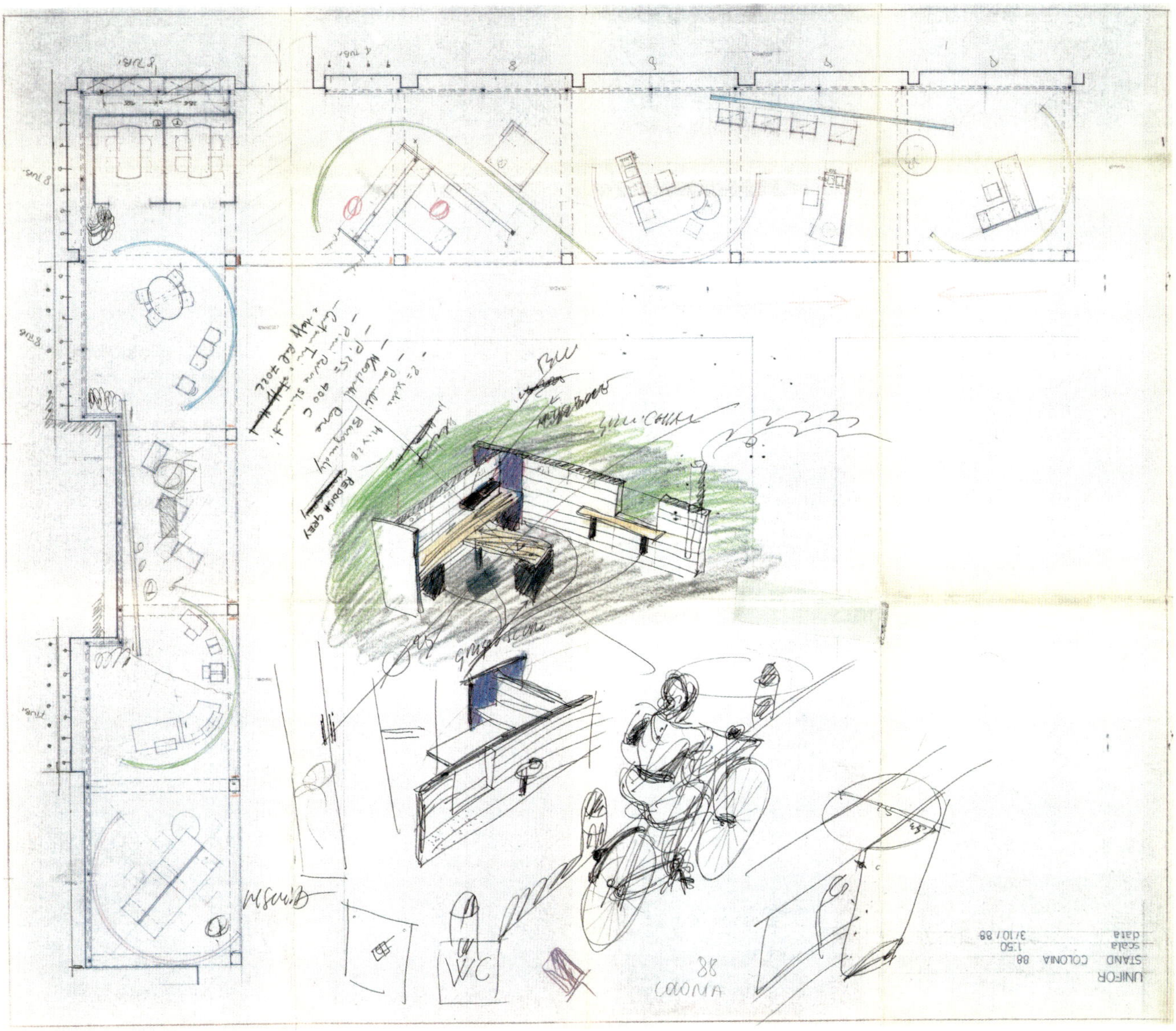

Luca Meda, UniFor stand, Orgatec 1988, Cologne.
Luca Meda, stand UniFor, Orgatec 1988, Colonia.

Nonetheless, the novelty of the individual idea must not prevail at all costs, because the creative process is one of refinement through experimentation on a case-by-case basis. It cannot and must not be improvised each time as if it were the first. The message to be communicated is that of a calm force, almost as if the stand itself were the logo, the trademark that frames the display. Pierluigi Cerri has been designing the stands since the 1990s, always with the aim of creating a display space that matches the rigor of the graphic design and the precision of the products. Often, in fact, the products themselves—for example the fitted walls—become construction elements of the display.

Certain recurring characteristics are employed to make the stands immediately recognizable. For instance, the open layout is usually rectangular in plan, with the long sides completely transparent and open for the public to pass through, because—as Mies van der Rohe showed the world—maximum clarity of distribution leads to maximum flexibility.

Pierluigi Cerri, exterior and interior of the UniFor stand, EIMU 1991, Milan, made using the *Progetto 25* walls designed by Luca Meda.

Pierluigi Cerri, esterno e interni dello spazio UniFor, EIMU 1991, Milano, realizzato utilizzando le pareti del *Progetto 25* di Luca Meda.

Allo stesso tempo, però, è necessario che l'idea individuale non prevalga sulla novità a ogni costo, perché il processo creativo è di affinamento attraverso la sperimentazione del caso per caso. Non può, non deve essere improvvisato ogni volta come se fosse la prima: il messaggio che deve passare è quello di una forza tranquilla, quasi come se lo stand fosse esso stesso il logo, cioè il marchio di fabbrica che fa da cornice al display. Gli stand – dagli anni novanta sotto la curatela costante di Pierluigi Cerri – puntano infatti alla costruzione di uno spazio allestitivo che coincida con il rigore del graphic design e l'esattezza dei prodotti: anzi, spesso sono proprio i prodotti – ad esempio le pareti attrezzate – a diventare elementi primari di costruzione.

Gli stand, inoltre, devono essere immediatamente riconoscibili per certe caratteristiche ricorrenti: innanzitutto, la pianta rettangolare che determina l'uso aperto dello spazio, senza recinzioni laterali, e anzi, completamente trasparente e attraversabile, perché – come aveva dimostrato Mies van der Rohe – al massimo di chiarezza distributiva corrisponde sempre il massimo di flessibilità.

Pierluigi Cerri, UniFor stand, EIMU 1992, Milan.
Pierluigi Cerri, spazio UniFor, EIMU 1992, Milano.

The unchanging elements at the exterior of this proven scheme are paired with interior layouts that change with each event, as if the products were mobile pieces on a checkerboard fixed to the ground, while the constant elements are invariably horizontal: the display platform and the canopy roof. The whole takes the form of an open box framed by a horizontal strip surrounding the perimeter of the space. It can be modified with just a few variables—colors, materials, lighting—so that each time the stand can be built in a way that best suits the products to be presented. Rooms with a view of their elegant interiors, UniFor's stands, from the ones at the Salone del Mobile in Milan to those at Eimu and Orgatec in Cologne, have compiled over time a catalog of solutions whose force lies in their variations on the initial prototype.

Pierluigi Cerri, UniFor stand, EIMU 1993, Milan.
Pierluigi Cerri, spazio UniFor, EIMU 1993, Milano.

In questo schema ben sperimentato, alla costanza dell'esterno corrisponde di volta in volta un diverso layout delle attrezzature: i prodotti sono considerati come elementi in movimento di una scacchiera fissata al suolo. I due elementi costanti, invece, sono entrambi orizzontali: la piattaforma d'accesso e la copertura volante. Figura ricorrente degli stand curati da Pierluigi Cerri è infatti la cornice che inquadra e perimetra lo spazio a disposizione. Una scatola aperta che può essere declinata attraverso minime varianti – di colori, di materiali, di luci ecc. – con la possibilità di costruire di volta in volta il set più adatto ai prodotti da presentare. Piccole camere con vista sull'interno, gli stand UniFor – al Salone di Milano, all'Eimu, all'Orgatec di Colonia – hanno composto nel tempo un catalogo di soluzioni che trova la sua forza nella ripetizione differente del prototipo iniziale.

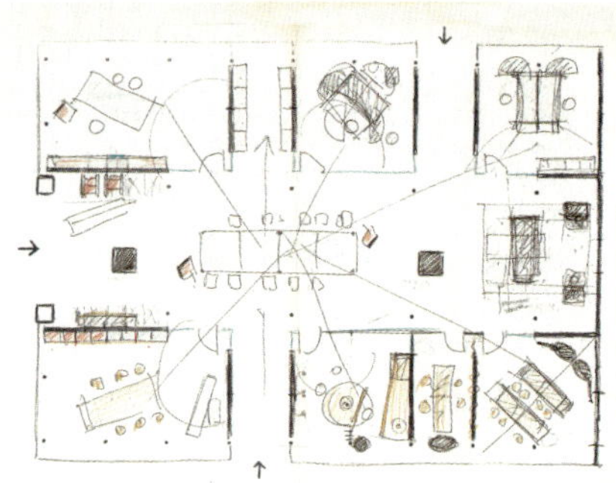

Pierluigi Cerri, UniFor stand, Orgatec 1994, Cologne.
Pierluigi Cerri, spazio UniFor, Orgatec 1994, Colonia.

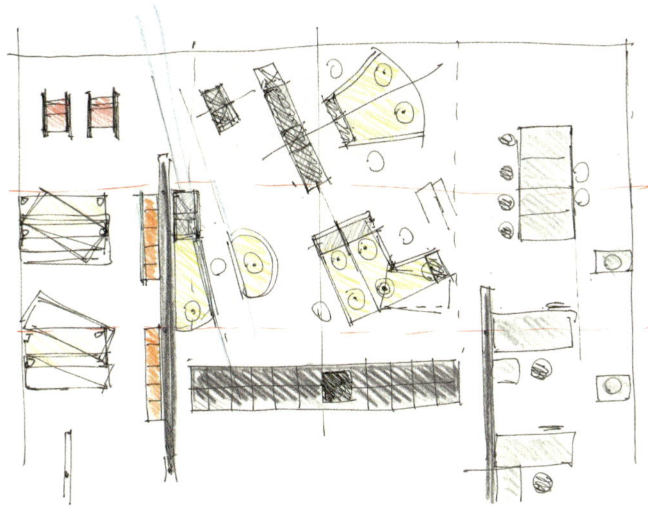

Pierluigi Cerri, UniFor stand, Orgatec 1996, Cologne.
Pierluigi Cerri, spazio UniFor, Orgatec 1996, Colonia.

Arnaldo Pomodoro's *Spirale aperta*, UniFor stand, Orgatec 1998, Cologne.

Arnaldo Pomodoro, *Spirale aperta*, stand UniFor, Orgatec 1998, Colonia.

Studio Cerri & Associati, UniFor stand, Orgatec 1998, Cologne.

Studio Cerri & Associati, spazio UniFor, Orgatec 1998, Colonia.

Studio Cerri & Associati, UniFor stand,
Orgatec 2004, Cologne.

Studio Cerri & Associati, spazio UniFor,
Orgatec 2004, Colonia.

Studio Cerri & Associati, UniFor stand, Orgatec 2006, Cologne.

Studio Cerri & Associati, spazio UniFor, Orgatec 2006, Colonia.

Studio Cerri & Associati, exterior and interior views of the UniFor stand, Orgatec 2008, Cologne.

Studio Cerri & Associati, esterno e interni dello spazio UniFor, Orgatec 2008, Colonia.

UNIFOR
UNIFOR

Studio Cerri & Associati, exterior and interior of the UniFor stand, Orgatec 2010, Cologne.

Studio Cerri & Associati, esterno e interni dello spazio UniFor, Orgatec 2010, Colonia.

Studio Cerri & Associati, UniFor stand, Orgatec 2012, Cologne, with the wall that varies color.

Studio Cerri & Associati, spazio UniFor, Orgatec 2012, Colonia, con la parete a colori variabili.

UNIFOR

Studio Cerri & Associati, UniFor stand,
Salone del Mobile 2013, Milan.

Studio Cerri & Associati, stand UniFor,
Salone del Mobile 2013, Milano.

D15

Studio Cerri & Associati, UniFor stand, Orgatec 2014, Cologne, featuring the hanging sculpture designed by Michele De Lucchi.

Studio Cerri & Associati, spazio UniFor, Orgatec 2014, Colonia, caratterizzato dalla scultura sospesa disegnata da Michele De Lucchi.

Studio Cerri & Associati, exterior and interior views of the UniFor stand, Salone del Mobile 2015, Milan.

Studio Cerri & Associati, esterno e interni dello stand UniFor, Salone del Mobile 2015, Milano.

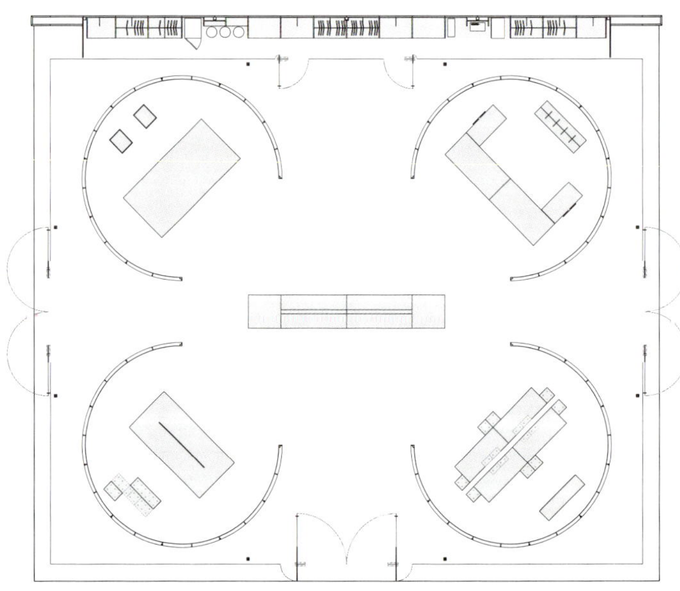

Studio Cerri & Associati, exterior, plan, and interior views of the UniFor stand, Orgatec 2016, Cologne.

Studio Cerri & Associati, esterno, planimetria e interni dello spazio UniFor, Orgatec 2016, Colonia.

YOUR MIND FLY

UniFor stand, Orgatec 2018, Cologne.
Spazio UniFor, Orgatec 2018, Colonia.

Lounge System collection, produced by Molteni&C for UniFor and presented at Orgatec 2018, Cologne.

Collezione *Lounge System*, prodotta da Molteni&C per UniFor e presentata a Orgatec 2018, Colonia.

Special exhibitions

Allestimenti speciali

Aldo Rossi par Aldo Rossi, architecte exhibition,
Centre Georges Pompidou, Paris, 1991.

Mostra "Aldo Rossi par Aldo Rossi, architecte"
Centre Georges Pompidou, Parigi, 1991.

Special exhibitions

Among the many communication strategies available to a brand, the most effective—and certainly the most convincing—consists in testing its ability to work under special conditions, in this way demonstrating the effectiveness and versatility of its expertise in a sphere not directly related to production.

The principal means of communication at trade fair stands is the product list. But in the case of cultural exhibitions, for instance architecture, art or photography shows, the furnishing and fitting-out of which is narrowly defined as "technical sponsorship," communication becomes a service available to the installation designer. That is, the company's marketing and communication department provides technical expertise, the capacity to implement special solutions, and the artisanal skills required for ad hoc compositions, none of which are available as standard market offerings.

The technical sponsorship thus becomes a sort of workshop for design experimentation, where the challenges are actually quite similar to the kind that UniFor takes on daily in its role as a partner of designers and architects in the creation of furnishing environments. Every exhibition presents a challenge: there is a concept, an idea, that must become reality, without waste, without mediation, and with the constructive and aesthetic clarity of artfully made things. In this sense it could be said that every special exhibition is a test of a method that UniFor strives to apply every time it participates in a commission. On the one hand there is a designer, and on the other there is a staff that must interpret the requirements of the designer's vision.

Reinforcing this analogy is the fact that in the various types of exhibitions there are constants, that is, recurring elements, which are always tectonic, not decorative. Above all, there is the "wall," a vertical structure to support the objects on display, which in current practice usually consists of cabinets and containers.

Allestimenti speciali

Fra le tante strategie di comunicazione di un marchio, la più efficace – certo la più convincente – consiste nel verificare le proprie competenze in condizioni particolari, dimostrando l'efficacia e la versatilità del proprio know-how in uno scenario che non attiene strettamente alla produzione.

Se negli stand fieristici prevale la comunicazione diretta con la carta dei prodotti, negli allestimenti – che riduttivamente vengono definiti di sponsorizzazione tecnica, ad esempio per mostre d'architettura, d'arte, di fotografia ecc. – la comunicazione si fa servizio a disposizione dell'allestitore, cui forniscono competenze tecniche e abilità di tipo artigianale nella composizione di soluzioni ad hoc, non reperibili fra gli standard del mercato.

Allora la sponsorizzazione tecnica diventa un laboratorio di sperimentazione progettuale, dove la posta in gioco è una sfida assai simile a quella che UniFor ogni giorno affronta nella sua attività di partner del progettista nella realizzazione degli scenari ambientali richiesti.
Ogni allestimento presenta una sfida: il concept deve diventare realtà, l'idea trasfondersi in realizzazione, senza scarti, senza mediazioni, con la chiarezza costruttiva ed estetica delle cose fatte ad arte. In tal senso si può dire che ogni allestimento è la verifica di un metodo che UniFor si sforza di applicare ogni volta che partecipa a una commessa, dove da una parte c'è il progettista e dall'altra uno staff che ne deve interpretare le esigenze.

A dar forza a questa analogia, si può ricordare che nella pur diversa tipologia degli allestimenti esistono delle invarianti o meglio degli elementi ricorrenti, sempre di natura tettonica e non decorativa: innanzitutto, ad esempio, il "muro", inteso come struttura verticale di supporto per i materiali esposti, che poi nella pratica produttiva corrente si traduce in armadi e contenitori.

A metallic wall was used by Luca Meda for the Aldo Rossi exhibition, UniFor's first, in the showroom in Paris in 1984; a tall white wall cut through the space of the Basilica Palladiana in Vicenza in 1997, acting as a screen for the drawings and words of the architect Sverre Fehn; walls and towers were the forms chosen by Tadao Ando to display his wooden models, again in Vicenza, in 1994; and finally, limpid and austere walls crossed the huge space of the Basilica Palladiana for the 2018 exhibition devoted to the recent work of David Chipperfield Architects.

It is interesting to note that solutions arising from the design of special exhibitions often became a part of UniFor's standard production later on. Examples include products from the Chipperfield exhibition, as well as the *Régua* tables and chairs by Álvaro Siza, which first appeared in the important exhibition on his work at the Basilica Palladiana in 1999. For that occasion, the Portuguese master designed an original wooden table and chair, using the theme of the exhibition as a reflection on how the form and function of just a few objects can alter the traditional vision of the workplace.

Un muro metallico quello di Luca Meda per la mostra di Aldo Rossi nello showroom di Parigi, che nel 1984 apre l'avventura espositiva di UniFor; un alto muro bianco quello che taglia diagonalmente il salone della Basilica Palladiana a Vicenza (1997), facendo da schermo a disegni e parole dell'architetto Sverre Fehn; muri e torri, nel 1994, quelli che servono a Tadao Ando per allestire, sempre a Vicenza, i suoi modelli in legno; muri infine limpidi e severi quelli che tagliano l'enorme invaso della Basilica nella mostra dedicata al lavoro recente dello studio di David Chipperfield nel 2018.

È interessante osservare che dalla sperimentazione negli allestimenti di mostre sono spesso nate soluzioni successivamente entrate nel repertorio dei prodotti, come nel caso dell'ultima esposizione dell'architetto inglese, o come i tavoli e le sedie *Régua* di Álvaro Siza, che fanno la loro prima comparsa nella grande mostra alla Basilica Palladiana nel 1999. Qui il maestro portoghese sceglie, infatti, di produrre per l'occasione un progetto originale per un tavolo in legno e per una sedia, utilizzando il tema dell'allestimento come riflessione sulla forma e sulla funzione di pochi oggetti che possono cambiare la visione tradizionale dello spazio di lavoro.

Aldo Rossi exhibition, detail of the metal wall designed by Luca Meda, UniFor showroom, Paris, 1984.

Mostra di Aldo Rossi, particolare del muro metallico progettato da Luca Meda, showroom UniFor, Parigi, 1984.

Tadao Ando: opere di architettura

Basilica Palladiana, Vicenza
1994-1995

Within the frame of the Basilica Palladiana in Vicenza, the monumental and spectacular installation celebrating the work of Tadao Ando defines an open central space, marked by two opposing staircases: a veritable "piazza" with four square towers in the middle. In a series of niches made in the brickwork, the towers house the wooden models of Ando's first famous designs for single-family homes. Through an opening in the great opposing flights of steps, via a long corridor parallel to the south side of the hall, visitors enter two larger spaces and a projection room. Large natural wood models are on display in the halls and the corridor, while tempera-colored drawings in wooden frames hang on the walls. The whole exhibition is skillfully illuminated by effective spotlighting, which, along with the completely white backgrounds, helps to highlight each individual object.

All'interno della cornice della Basilica Palladiana di Vicenza, la monumentale e spettacolare installazione dedicata al lavoro di Tadao Ando definisce uno spazio centrale aperto, delimitato da due scalinate contrapposte: una vera e propria piazza con al centro quattro torri quadrate. Queste ultime ospitano, all'interno di una serie di nicchie ricavate nella muratura, i modelli in legno delle prime e celebri case unifamiliari disegnate dall'architetto. Attraverso un varco aperto nelle grandi gradinate contrapposte si accede, mediante un lungo corridoio parallelo al lato sud del salone, a due spazi più ampi e a una sala proiezioni. Grandi modelli in legno naturale punteggiano le sale e il corridoio, mentre i disegni a mano colorati a tempera sono racchiusi in cornici lignee e appesi alle pareti. Il tutto è sapientemente messo in risalto da un'efficace illuminazione puntuale, che insieme alla scelta cromatica degli sfondi, completamente bianchi, contribuisce a mettere in risalto ogni singolo oggetto.

Grande Galerie de l'Évolution

Muséum national d'Histoire naturelle
Paris, 1994

An integral part of the Muséum national d'Histoire naturelle in Paris, in the northern portion of the Jardin des Plantes, the Grande Galerie de l'Évolution is the product of an important architectural and museum renovation project completed in 1994. Now a permanent exhibition space dedicated to the diversity of living creatures and the evolution of life, the Galerie houses an extraordinary collection of stuffed animals, organized according to an approach that is both environmental and evolutionary. The itinerary, starting from the large central nave overlooked by the two upper galleries, shows great compositional balance, rational design, and care for detail. In addition, a clever use of technology and construction materials, combined with the general fit-out choices, comprising a range of custom-made furniture pieces, gives life to a spectacular ensemble that is also able to fulfill a role of social communication.

Parte integrante del Muséum national d'Histoire naturelle di Parigi, situato nella zona nord del Jardin des Plantes, la Grande Galerie de l'Évolution è il risultato di un importante progetto di riqualificazione architettonica e museale completato nel 1994. Diventata uno spazio espositivo permanente destinato a mostrare e mettere in scena la diversità degli esseri viventi e l'evoluzione della vita, la Galerie ospita una straordinaria collezione di esemplari naturalizzati, organizzati secondo un approccio ambientale ed evoluzionistico. Il percorso, che si sviluppa a partire dalla grande navata centrale sulla quale si affacciano le due balconate superiori, è risolto con grande equilibrio compositivo, razionalità e cura dei dettagli. L'uso sapiente della tecnologia e dei materiali da costruzione e l'allestimento generale che si avvale di arredi speciali assumono il ruolo di elementi spettacolari con funzione di comunicazione sociale.

This method of communication can be considered a special calling on the part of UniFor. Consistently practiced since the 1980s with Luca Meda's design of the Aldo Rossi exhibition at the Paris showroom, this tradition of cultural participation has projected the UniFor brand onto some of the most intriguing and prestigious exhibition venues: the Centre Pompidou in Paris, Palazzo Reale and the Triennale in Milan, Palazzo della Ragione in Padua, and the Basilica Palladiana in Vicenza, among others.

What uniquely distinguishes these special exhibition settings is the challenge presented by the spaces themselves. They are immense, and strongly characterized by the aura and the scars of history. They are intriguing but dangerous, because they always involve a struggle, the outcome of which is anything but guaranteed. For example, to succeed in balancing the relationship between the finite qualities of the items on display—models, paintings, photographs, drawings—and disproportionately tall volumes, as in the case of the Basilica Palladiana in Vicenza or the Palazzo della Ragione in Padua, is no small accomplishment, especially in the case of buildings that have become untouchable icons, where the strong hand must don a velvet glove.

The history of UniFor is a story of collaboration, of dialogue between architect and manufacturer: two authorial areas, each endowed in its own way with a powerful creative dimension. There is a certain logic to considering the challenge of exhibition projects as an exercise in design under special conditions. Not only does it give the designer the opportunity to create impeccable solutions in terms of both aesthetics and function, but it also gives UniFor a chance to follow less-traveled paths, at times experiencing what Horace Walpole, back in the eighteenth century, defined as "serendipity": the discovery of good things you weren't even looking for.

A rendere questo metodo una vocazione contribuisce il fatto che sin dagli anni ottanta – con l'allestimento della citata mostra su Aldo Rossi a Parigi – questa pratica è diventata corrente e coerente nella sua impostazione, definendo una tradizione di interventismo culturale che ha proiettato la presenza di UniFor sugli scenari più intriganti e prestigiosi della cultura: il Centre Pompidou a Parigi, Palazzo Reale e la Triennale a Milano, Palazzo della Ragione a Padova, la Basilica Palladiana a Vicenza, fra gli altri.

Ciò che contraddistingue in maniera del tutto singolare questi allestimenti è la sfida dello spazio: spazi immensi, spazi fortemente connotati dall'aura del tempo e dalle stigmate della storia, spazi intriganti ma anche pericolosi, perché implicano un braccio di ferro tutt'altro che scontato. Riuscire a calibrare il rapporto tra la finitezza delle cose esposte – modelli, quadri, fotografie, disegni – e la sproporzione di volumi dilatati verso l'alto, come ad esempio la Basilica Palladiana di Vicenza o il Palazzo della Ragione di Padova, non è impresa da poco, soprattutto quando si sa che la mano forte deve calzare il guanto di velluto in architetture diventate intoccabili icone.

Quella di UniFor è una storia di collaborazioni, di dialoghi fra architetto ed esecutore: due spazi autoriali dotati, ciascuno a modo suo, di una possente dimensione creativa. Quasi logico considerare dunque questa sfida come un esercizio di progettazione in condizioni speciali, che se da una parte rendono al progettista la possibilità di soluzioni perfette e impeccabili per estetica e funzione, dall'altra consentono all'azienda di praticare strade meno frequentate, sperimentando in maniera inaspettata quella che nel XVIII secolo Horace Walpole definì "serendipity": una scoperta felice, fatta per caso.

Gabetti & Isola: opere di architettura

Basilica Palladiana, Vicenza
1996

The staging of the *Gabetti & Isola: opere di architettura* exhibition focuses on the longitudinal dimension of the hall of the Basilica Palladiana by creating a series of regular colored cement enclosures distributed along a central corridor and by the choice of the entrance from the east side. The multi-colored blocks of cement denote the light-hearted and ironic character of the exhibition, rising up to increasing heights to form an overturned arch section, which reflects the arch of the wooden vault above. An artificial forest grows on top of the blocks and comes to life via "trees" with metal branches and leaves made of thick copper plate, dotted with tiny luminous "fruits." Building site planks, leaning against each other in mutual support, serve as backing for the original drawings, graphics, photos, and splendid watercolors. At the end of the itinerary, via a flight of steps, visitors can look down from on high and dominate, from a reverse angle, the space previously crossed. Like an entertaining and cultured game, the design of the exhibition deliberately avoids any monumental or self-congratulatory temptation, preferring to tickle the fancy and the curiosity of its visitors.

L'allestimento disegnato per la mostra "Gabetti & Isola: opere di architettura" pone l'accento sulla dimensione longitudinale del salone della Basilica Palladiana attraverso la creazione di una serie di recinti regolari in cemento colorato, distribuiti mediante un corridoio centrale, e la scelta dell'ingresso dal lato est. I blocchi di calcestruzzo variopinto denotano il carattere allegro e ironico dell'allestimento e si innalzano a quote crescenti per formare una sezione ad arco rovesciato, speculare all'arco della volta in legno soprastante. Una foresta artificiale cresce al di sopra dei blocchi e prende vita attraverso "alberi" con fronde metalliche e foglie in sottile lamiera di rame, punteggiati da minuscoli "frutti" luminosi. Tavole da cantiere, addossate l'una all'altra come vicendevole sostegno, fungono da supporto per i disegni originali, le grafiche, le foto e gli splendidi acquarelli. Alla fine del percorso, attraverso una gradinata, si può raggiungere una quota sopraelevata e dominare, in controcampo, lo spazio precedentemente attraversato. Gioco divertito e colto, il progetto espositivo sceglie di fuggire da ogni tentazione monumentale o autocelebrativa, puntando a sollecitare la fantasia e la curiosità di tutti i visitatori.

Sverre Fehn architetto

Basilica Palladiana, Vicenza
1997

The exhibition design conceived in 1997 to showcase the architecture of Sverre Fehn features a tall white wall that cuts the hall of the Basilica diagonally, rewinding on itself at the ends and forming two semi-closed spaces. The wall also becomes the support onto which the author's magnified sketches and short aphorisms are silhouetted, thereby describing his vision of the relationship between architecture, environment, and human beings. All around low marble shelves display original drawings, while the explanatory panels and ceiling-hung lighting systems sway almost imperceptibly as the visitors pass by. The entrance is on the east side of the hall and from this point the exhibition pathway turns round the great central partition, enabling people to stop in the two small triangular projection rooms, placed in the two folding ends of the main wall. The video architecture lessons along with the design descriptions emphasize the predominant didactic purpose of the art direction.

L'allestimento progettato nel 1997 per la mostra dedicata all'architettura di Sverre Fehn è caratterizzato da un alto muro bianco che taglia diagonalmente il salone della Basilica, riavvolgendosi su se stesso alle estremità e formando due ambienti semichiusi. Il muro diviene anche il supporto sul quale si stagliano, ingigantiti, schizzi e brevi aforismi dell'autore volti a descrivere la sua visione del rapporto fra l'architettura, l'ambiente naturale e l'uomo. Intorno bassi ripiani in lastre di marmo accolgono i disegni originali, mentre i pannelli esplicativi e i sistemi di illuminazione, sospesi al soffitto, oscillano quasi impercettibilmente al passaggio dei visitatori. L'ingresso è predisposto sul lato est del salone e da questo punto il percorso espositivo gira intorno al grande setto centrale e permette la sosta nelle due salette di proiezione a pianta triangolare, posizionate nelle due estremità ripiegate del muro principale. Le videolezioni di architettura, insieme alle descrizioni dei progetti, fanno emergere il predominante intento didattico dell'allestimento.

O. M. Ungers architetto

Basilica Palladiana, Vicenza
1998

Inside the portico of the Basilica, close to the entrance to the exhibition, a pure wooden volume houses the ticket office, the bookshop, and two small projection rooms. Entering the hall from the small door on the east side, the relationship with the inside space develops horizontally: a double checkerboard made up of 162 squares, 152 of which solid and 10 void, constitutes the grid of a combinatorial game. Inside this, according to the order established by Ungers himself, his various projects are on display. The art direction perfectly interprets the large space of the Basilica in line with the architecture exhibited. There is no privileged itinerary and there is no chronological or any other order in the sequence of the projects. The relationships between the various works must therefore be reconstructed according to their logical and conceptual references. The project is intended as an invitation to visitors to use their reasoning power, a declaration of a real passion for order and a genuine tribute to the profound values of classicism, which becomes testimony and a valuable legacy for contemporary architects.

All'interno del loggiato della Basilica, in prossimità dell'ingresso alla mostra, un volume puro in legno ospita la biglietteria, il bookshop e due salette di proiezione. Entrando nel salone dalla piccola porta sul lato est, la relazione con lo spazio interno si sviluppa sul piano orizzontale: una doppia scacchiera composta complessivamente da 162 quadrati, di cui 152 pieni e 10 vuoti, costituisce la griglia di un gioco combinatorio che accoglie, secondo l'ordine stabilito dallo stesso Ungers, i suoi diversi progetti. L'allestimento interpreta perfettamente il grande spazio della Basilica rendendolo coerente con l'architettura esposta; inoltre non è previsto un percorso privilegiato e non vi è alcun ordine cronologico o di altro genere nella sequenza dei progetti. Le relazioni fra le diverse opere devono pertanto essere ricostruite sulla base dei loro richiami logici e concettuali. Il progetto vuole essere un invito all'esercizio della ragione, una dichiarazione di autentica passione per l'ordine e un omaggio non scontato ai valori profondi della classicità, che diventa testimonianza ed eredità preziosa per gli architetti contemporanei.

Álvaro Siza architetto

Basilica Palladiana, Vicenza
1999-2000

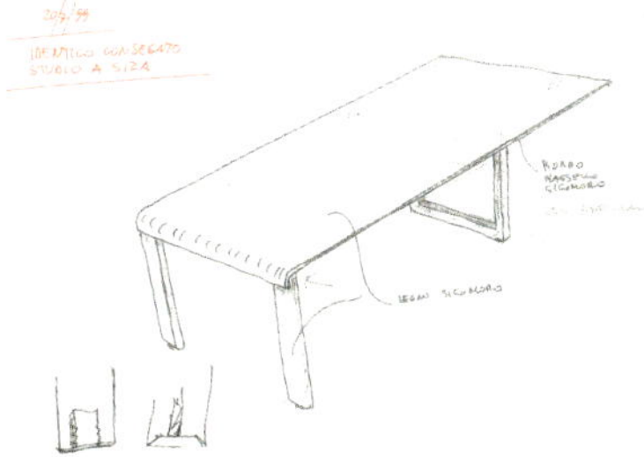

The exhibition was designed by Álvaro Siza himself to display his own architectural works at the Basilica Palladiana. With its unusual horizontality, it denotes an unprecedented radical and nonconformist approach compared to other exhibitions staged at the space in Vicenza. Simple wooden tables and chairs, designed in partnership with UniFor, give visitors the impression of entering the architect's studio and being able to admire models and designs either gathering or sitting round the tables. Apart from the tables and chairs, the hanging lamps that make up the lighting system were also designed and produced ad hoc. The theme of the exhibition is the result of a careful reflection on the form and the function of certain objects, which are then arranged according to calibrated spatial relations. The final location of the objects is the pondered result of various days' work and continuous movements, supervised personally by the author in order to find perfect relations between all the elements.

L'allestimento, disegnato da Álvaro Siza per esporre la propria architettura alla Basilica Palladiana, denota, con la sua inedita orizzontalità, un atteggiamento radicale e anticonformista senza precedenti tra gli allestimenti presentati presso lo spazio vicentino. Semplici tavoli e sedute in legno, progettati in collaborazione con UniFor, danno l'impressione di entrare nello studio dell'architetto e permettono di ammirare modelli e disegni raccogliendosi o stando seduti intorno ai tavoli. Oltre ai tavoli e alle sedie sono state progettate e prodotte *ad hoc* anche le lampade a sospensione, che compongono il sistema di illuminazione. Il tema dell'allestimento è frutto di un'attenta riflessione sulla forma e sulla funzione di alcuni oggetti, che vengono poi disposti all'interno della mostra secondo calibrati rapporti spaziali. La collocazione finale degli oggetti è il risultato ponderato di diversi giorni di lavoro e continui spostamenti, controllati personalmente dall'autore al fine di trovare le perfette relazioni fra tutti gli elementi.

Toyo Ito architetto

Basilica Palladiana, Vicenza
2001

For this occasion Toyo Ito, the protagonist of the exhibition, designed an original setting that, as well as acting as a support for the works to be displayed, constitutes a personal interpretation of the relationship with the extraordinary monumental backdrop. The "exhibiting" theme was a cue for creating an ephemeral architectural work designed to involve visitors in an intense journey through spaces and emotions. At the center of the space, there is an oval projection room where a selection of architectural elements taken from Ito's major works is reproduced. The images are accompanied by sounds, curated by Ryoji Ikeda, which help to create an immersive environment. Inside 19 luminous columns made of light translucid material, the same number of boards are placed, to serve as projection screens and supports for the models. Executive drawings, texts, images and models are superimposed and blend within an absolutely innovative space. Unconventional, multimedial and simultaneous, Toyo Ito's language explores specific modes of contemporary mediatic communication by applying them to his own architecture.

Per questa occasione Toyo Ito, protagonista della mostra, ha progettato un originale intervento di allestimento che, oltre a fungere da supporto per le opere da esporre, costituisce una personale interpretazione del rapporto con la straordinaria cornice monumentale. La tematica del "mostrare" diviene lo spunto per la creazione di un'effimera opera architettonica in grado di coinvolgere i visitatori con un intenso racconto emozionale e spaziale. Al centro dell'ambiente è collocata una sala di proiezione ovale dove viene proposta una scelta di elementi architettonici tratti dalle sue opere maggiori. Accompagnano le immagini i suoni curati da Ryoji Ikeda, che contribuiscono alla creazione di un ambiente immersivo. All'interno di 19 colonne luminose in tessuto traslucido leggero sono posizionati altrettanti tavoli, che divengono schermi di proiezione e supporti per i modelli. Disegni esecutivi, testi, immagini e modelli si sovrappongono e si mescolano all'interno di uno spazio di narrazione assolutamente innovativo. Anticonvenzionale, multimediale e simultaneo, il linguaggio di Toyo Ito ricerca le modalità proprie della comunicazione mediatica contemporanea applicandole alla propria architettura.

Steven Holl architetto

Basilica Palladiana, Vicenza
2002

Staged in 2002, the Steven Holl exhibition presented a void in which a 1:1 scale prototype emerged of Turbolence House, an aluminum structure made of 32 digitally prefabricated parts, used here as a projection room. The central themes of the exhibition are the phenomena of dispersion, uncontrolled development and consequent entropy in the landscape, presented in contrast with a series of urban planning projects. Partitions made of reticular surfaces act as supports for photographs, drawings and models and, via a series of openings, they offer a glimpse of the prefabricated country house. The projects are articulated from the phenomenological point of view and represent fifteen years' work aimed at defining new urban architecture and new ideas for the densely populated outlying towns. The challenge that Holl wants to give to the contemporary city, with this exhibition and with his projects, is similar to the challenge given to the country home: to keep an eye on the natural environment that surrounds it by containing its own uncontrolled expansion.

L'esposizione dedicata nel 2002 a Steven Holl presenta un vuoto nel quale emerge il prototipo in scala 1:1 della Turbolence House, una casa in alluminio composta da 32 elementi prefabbricati mediante processo digitale, utilizzata nell'allestimento come sala di proiezione. Tema centrale della mostra sono i fenomeni di dispersione e sviluppo incontrollato e di conseguente entropia nel paesaggio, presentati in contrapposizione a una serie di progetti urbani. Setti composti da superfici reticolari fungono da supporto per fotografie, disegni e modelli e lasciano intravedere, mediante una serie di aperture, la casa rurale prefabbricata. I progetti sono articolati dal punto di vista fenomenologico e rappresentano quindici anni di lavoro volto a definire una nuova architettura urbana e nuove concezioni per le città periferiche ad alta densità abitativa. La sfida che Holl, con questa mostra e con i suoi progetti, vuole porre alla città contemporanea è simile a quella rivolta alla casa rurale: sorvegliare l'ambiente naturale che la circonda contenendo la propria espansione incontrollata.

Kazuyo Sejima + Ryue Nishizawa SANAA architetti

Basilica Palladiana, Vicenza
2005-2006

Simplicity, as a mental attitude and working practice, is the value that emerges from the exhibition that Kazuyo Sejima and Ryue Nishizawa's SANAA studio staged in the Basilica Palladiana in Vicenza in 2005. With singular and particular immediacy, the two architects effectively managed to interpret the relationship with the historic sixteenth-century building. A floodlit and completely white room decked in semitransparent material provides a glimpse of the pre-existing walls: there is no search for continuity, let alone for contrast. Sejima and Nishizawa's architecture travels light, completely at ease with today's contradictions and unencumbered by avant-garde aspirations: a practice that lives in the here and now and makes no attempt to create oppositions. From the Palladian loggias, in fact, visitors enter the space designed by SANAA, in which images, films and objects of ambiguous significance are displayed. A rigorous geometric plot organizes the layout of the platforms, without any hierarchical pathway, on which models and prototypes are displayed.

La semplicità, come attitudine mentale e come prassi operativa, è il valore che emerge dall'allestimento espositivo che lo studio SANAA di Kazuyo Sejima e Ryue Nishizawa ha realizzato nella Basilica Palladiana di Vicenza nel 2005. I due architetti infatti riescono a interpretare con un'immediatezza unica e particolare il rapporto con lo storico contenitore cinquecentesco. Una stanza illuminata a giorno e completamente bianca in tessuto semitrasparente lascia appena intravedere le pareti preesistenti: non c'è ricerca di continuità, ma nemmeno di contrasto. Quella di Sejima e Nishizawa è un'architettura che viaggia leggera, a proprio agio con le contraddizioni della realtà di oggi e libera da aspirazioni avanguardistiche: una pratica che vive nel presente e che non pretende di creare opposizioni. Dalle logge palladiane, infatti, si entra nello spazio disegnato da SANAA, nel quale sono esposte immagini, proiezioni, oggetti dall'ambigua valenza. Un rigoroso tracciato geometrico organizza la disposizione delle piattaforme, senza un percorso gerarchico, su cui vengono esposti modelli e prototipi.

Due carpe: acqua/terra – villaggi/città Fenomenologie

curated by / a cura di Kengo Kuma
Palazzo della Ragione, Padova
2007-2008

In 2007 Kengo Kuma was the guest of honor at the third Biennale Internazionale di Architettura "Barbara Cappochin" at Padua's Palazzo della Ragione. The original exhibition *Due carpe: acqua/terra – villaggi/città. Fenomenologie*, curated by Kuma himself in cooperation with Carlotta de Bevilacqua and sponsored by UniFor, presented an ideal journey that moves through the time-honoured Japanese tradition and involves the public in a highly original and emotional pathway. Two imposing tent-shaped organza structures, visible inside too, along with a backlit glass platform, acted as screens for projections of Kuma's main projects. In this way, the architect expressed his own artistic and professional experience. The reference to the carps, the Japanese symbol for new life, represents "the close link between the new design of architecture and tradition, as well as an ideal bridge between Italy and Japan."

Nel 2007 Kengo Kuma è ospite d'onore della terza edizione della Biennale Internazionale di Architettura "Barbara Cappochin" al Palazzo della Ragione di Padova. La mostra inedita "Due carpe: acqua/terra – villaggi/città. Fenomenologie", curata dallo stesso Kuma in collaborazione con Carlotta de Bevilacqua e sponsorizzata da UniFor, presenta un viaggio ideale che si muove attraverso l'antica tradizione giapponese e coinvolge il pubblico in un percorso tanto originale quanto emozionante. Due imponenti strutture in organza a forma di carpa, visibili anche all'interno, insieme a una pedana di vetro retroilluminato, fungono da schermi per le proiezioni delle opere maggiori dell'architetto, che racconta in questo modo la propria esperienza artistica e professionale. Il riferimento alle carpe, simbolo giapponese della nuova vita, rappresenta "il legame stretto fra il nuovo design dell'architettura e la tradizione, oltre che un ponte ideale tra Italia e Giappone".

Zaha Hadid

Palazzo della Ragione, Padova
2009-2010

In 2009, the great hall of the Palazzo della Ragione, among Padua's most fascinating and evocative monuments, hosted a retrospective exhibition devoted to Zaha Hadid, the guest of honor at the fourth Biennale Internazionale di Architettura "Barbara Cappochin". The exhibition presented the numerous and innovative designs of one of the most significant interpreters of deconstructivism in architecture. Iranian by birth and naturalized in London at the end of the 1970s, Zaha Hadid was the first woman to win the Pritzker Architecture Prize, in 2004. The interpreter of a visionary aesthetics, she experimented new concepts of space that intensified the existing urban landscape in the search for original forms of expression, in both architecture and design, moving from the urban dimension to products, from interior furnishings to buildings and cities. The exhibition installation, curated personally by Hadid and sponsored by UniFor, consisted of hundreds of blocks that followed dynamic and fluid geometric shapes arranged according to the web of a net, spreading out like a landscape or clustering together.

Il Salone del Palazzo della Ragione, monumento tra i più affascinanti e suggestivi di Padova, ha accolto nel 2009 la mostra antologica di Zaha Hadid, ospite d'onore della quarta edizione della Biennale Internazionale di Architettura "Barbara Cappochin". L'esposizione presenta i numerosi e innovativi progetti di una tra gli interpreti più significativi nella scena mondiale del decostruttivismo in architettura. Iraniana di nascita e naturalizzata a Londra alla fine degli anni settanta, Zaha Hadid è stata la prima donna a vincere nel 2004 il Pritzker Architecture Prize. Interprete raffinata di un'estetica visionaria, Hadid sperimenta nuovi concetti di spazio che intensificano il panorama urbano esistente nella ricerca di forme espressive inedite, sia in ambito architettonico sia nel design, passando dalla dimensione urbana ai prodotti, dagli interni all'arredamento, dall'edificio alla città. L'allestimento, curato personalmente da Zaha Hadid e sponsorizzato da UniFor, è composto da centinaia di blocchi che seguono forme geometriche dinamiche e fluide e si dispongono secondo la trama di una rete, poi si increspano, si stendono come paesaggio o si raggruppano in grappoli.

Michele De Lucchi
La Passeggiata

Salone del Mobile, Milano
2015

This is a new vision of the workplace, developed around the concept of walking. Sedentary work is a condition of the past, whereas walking stimulates the mind and sparks creativeness. In this sense the route between the various areas is the most important feature of the office. *La Passeggiata* is a road composed of ascents and descents, running continuously around four areas dedicated to diverse aspects of office life. *Il Club* is an informal space inspired by the lounges of hotels and airports to encourage sociality. *Uomini Liberi* is devoted to individual and group work, containing miniature architectures designed both for working alone and for meeting colleagues. *Agorà* is a flexible platform offering a variety of configurations to host lectures, presentations, projections and exhibitions, entertainment and special events. In *I Laboratori* the creative process is finally concretized and ideas take material shape. Art, too, is a part of the workspace, and the whole area is scattered with sculptures. The greenery surrounding the route connects its users with nature. The office thus becomes a changeable, unconventional landscape and constant creator of novelties.

Questa è una nuova visione dello spazio di lavoro, sviluppata intorno al concetto del movimento. Il lavoro sedentario è una condizione del passato; camminare, invece, stimola la mente e la creatività. In questo senso il percorso fra le diverse aree dell'ufficio costituisce l'elemento principale. "La Passeggiata" è una strada fatta di salite e discese, che corre ininterrottamente intorno a quattro aree dedicate ai diversi aspetti della vita d'ufficio. "Il Club" è uno spazio informale, ispirato alle sale d'attesa degli alberghi e degli aeroporti, che incoraggia la socialità. "Uomini Liberi" è dedicato al lavoro individuale e di gruppo e contiene architetture in miniatura progettate sia per camminare da soli sia per incontrare i colleghi. "Agorà" è una piattaforma flessibile che permette diverse disposizioni per ospitare conferenze, presentazioni, proiezioni ed esposizioni, eventi speciali e di intrattenimento. In "I Laboratori" si realizza il processo creativo e le idee assumono forma concreta. Anche l'arte è parte del luogo di lavoro, e l'intera area è disseminata di sculture. La zona verde che circonda il percorso mette in comunicazione i suoi fruitori con la natura. L'ufficio è così un paesaggio mutevole e non convenzionale, un creatore costante di novità.

Michele De Lucchi
L'Anello mancante

curated by / a cura di
Margherita Guccione, Pippo Ciorra
MAXXI, Roma
2018-2019

"A missing link is the element that connects distant parts of a broken, open chain. We need them often these days. More and more links are needed to connect the multiple ramifications of social, political, economic, cultural and even moral relationships. But we also need links that can physically connect, in real life, the ideas of fullness and emptiness, of closed space and open space, of container and content." The above is how Michele De Lucchi introduced the design theme of his site-specific installation for *Nature*, a series of exhibitions at MAXXI in Rome. Engineered and fabricated entirely by UniFor, *L'Anello mancante* is an installation consisting of a metal construction covered with a shell of rectangular shingles in solid surface. It is inserted into the dim light of the exhibition space like a Gothic cathedral rising magnificently up from the fabric of a medieval village. Evoking a tall and slender work of architecture, a sort of tunnel with a parabolic section, it curves around the room, occupying nearly all of its floor space and volume. In plan, the construction represents an enclosed pathway to be entered from one side and exited from the other. A sinuous wall that can be walked through, it establishes an ambiguous relationship between inside and outside, between shadow and light, between hidden and visible, between private and public.

"Un anello mancante è l'elemento che unisce le parti lontane di una catena spaccata e aperta. Oggi ne abbiamo spesso bisogno. Ci servono sempre più anelli che mettano in connessione le molteplici ramificazioni delle relazioni sociali, politiche, economiche, culturali e anche morali. Ma ci servono anche altri anelli che nella realtà colleghino fisicamente l'idea di pieno e di vuoto, di spazio chiuso e spazio aperto, di contenitore e contenuto." Così Michele De Lucchi introduce il tema progettuale della sua installazione site-specific per il ciclo di mostre "Nature" al MAXXI di Roma. "L'Anello mancante" è una costruzione, interamente sviluppata e realizzata da UniFor, costituita da una struttura metallica rivestita da scandole rettangolari in solid surface. Inserita nella penombra dello spazio espositivo, come una cattedrale gotica che si erge imponente dal tessuto urbano di un borgo medievale, "L'Anello mancante" identifica una suggestiva struttura architettonica alta e stretta, una sorta di galleria a sezione parabolica che si sviluppa con andamento curvilineo, impegnando la quasi totalità della superfice e del volume della stanza che la ospita. Il disegno in pianta rappresenta l'anello aperto di un percorso protetto, dove si entra da una parte e si esce dall'altra. Un muro sinuoso, interamente praticabile al suo interno, che stabilisce un rapporto ambiguo tra dentro e fuori, tra luce e ombra, tra celato e svelato, tra privato e pubblico.

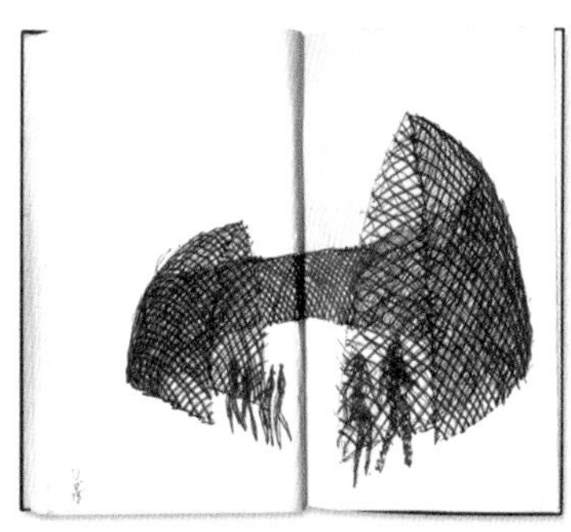

David Chipperfield Architects Works 2018

Basilica Palladiana, Vicenza
2018

After twelve years, great contemporary architecture returned to the Basilica Palladiana with an exhibition dedicated to David Chipperfield Architects. Organized by the Vicenza City Council, along with the Associazione Culturale Abacoarchitettura, curated by Chipperfield himself and sponsored by UniFor, *David Chipperfield Architects Works 2018* displayed a selection of recent or ongoing projects, describing the various stages of development and illustrating the work of a modern team of architects. The intention of the exhibition was to focus on architecture as a profession and not on architects. Gaining further insight into architectural design processes is crucial for understanding the values that underlie the complex of international projects developed by a studio like David Chipperfield Architects, which bases its own identity on the link with a specific approach rather than with an image. The presentation of each project was managed by the respective teams in London, Berlin, Milan, and Shanghai, revealing the value of the context and of the commission as discriminating for the end result. Along with the accent placed on the work in the planning stage, an introductory overview of the main buildings completed since 1985 (when the studio was founded) and up to today offers the chance to contextualize the projects on display.

Dopo dodici anni la grande architettura contemporanea torna alla Basilica Palladiana con una mostra dedicata a David Chipperfield Architects. Organizzata dal Comune di Vicenza insieme all'Associazione Culturale Abacoarchitettura, curata dallo stesso Chipperfield e sponsorizzata da UniFor, "David Chipperfield Architects Works 2018" espone una selezione di progetti in corso o recenti, soffermandosi sulle diverse fasi di sviluppo e illustrando le attività che si svolgono in un moderno studio di architettura. Intento della mostra è parlare dell'architettura come mestiere e non degli architetti. Approfondire i processi di progettazione architettonica diventa cruciale per comprendere i valori che unificano il complesso di opere a livello internazionale di uno studio, come David Chipperfield Architects, che fonda la propria identità sul legame con una specifica attitudine piuttosto che con un'immagine. La presentazione di ciascun progetto è gestita dai rispettivi team di Londra, Berlino, Milano e Shanghai, rivelando il valore del contesto e della commessa come discriminante per il risultato finale. Contemporaneamente all'accento posto sul lavoro *in fieri*, una panoramica introduttiva dei principali edifici completati dal 1985 (data di fondazione dello studio) a oggi offre la possibilità di contestualizzare i progetti in mostra.

Picasso. Metamorfosi

curated by / a cura di Pascale Picard
Palazzo Reale, Milano
2018-2019

Promoted and produced by Milan's City Council, Palazzo Reale and MondoMostreSkira, the *Picasso. Metamorfosi* exhibition is curated by the director of Avignon's Civic Museums, Pascale Picard. The project, the Milanese stage of the triennial European *Picasso-Méditerranée* series of events promoted by the Musée Picasso in Paris with other international institutions, offers an emotional pathway that highlights how Picasso's aesthetic research tended on the one hand toward modernity, but on the other was deeply rooted in classical art and mythology. The art direction, curated by the architect Pierluigi Cerri and sponsored by UniFor, proposes around 200 works marked by the artist's strong dialogue with ancient art. In the paintings on show, antiquity is transfigured: mythological themes and figures are rethought and reinterpreted through a modern and original visual language. Subdivided into six sections, ranging from the theme of the kiss to the myth of Arianna and the Minotaur, from the origin of the *Demoiselles* to metamorphosis, the works of the Spanish master are associated with the respective inspirations from ancient art, which guided and influenced him.

Promossa e prodotta da Comune di Milano – Cultura, Palazzo Reale e MondoMostreSkira, la mostra "Picasso. Metamorfosi" è curata dalla direttrice dei Musei civici di Avignone Pascale Picard. Il progetto, tappa milanese della rassegna europea triennale "Picasso-Méditerranée" promossa dal Musée Picasso di Parigi con altre istituzioni internazionali, propone un emozionante percorso espositivo che mette in evidenza come la ricerca estetica di Picasso fosse da un lato tesa alla modernità, ma dall'altro profondamente radicata nell'arte classica e nella mitologia. L'allestimento, curato dall'architetto Pierluigi Cerri e sponsorizzato da UniFor, propone circa 200 opere caratterizzate dal forte dialogo dell'artista con l'arte antica. Nei quadri in mostra, l'antichità viene trasfigurata: temi e figure mitologiche sono infatti ripensati e reinterpretati mediante un linguaggio visivo moderno e originale. Suddivise in sei sezioni, che spaziano dal tema del bacio al mito di Arianna e del Minotauro, dall'origine delle *Demoiselles* alla metamorfosi, le opere del maestro spagnolo sono accostate alle rispettive ispirazioni provenienti dall'arte antica, che lo hanno guidato e influenzato.

The communication project

Il progetto della comunicazione

The communication project

Giovanni Anceschi

The task of analyzing the history of UniFor's marketing communications, or even just describing the evolution of its communication strategies, would almost require, given the dimensions of the phenomenon across time and space, Homer's voice as he wrote the *Odyssey* or perhaps the pen Dante used to compose the *Divine Comedy*.

Metaphors aside, the project has been a huge, complex, and highly articulated undertaking, and what UniFor has accomplished is truly an exceptional achievement. In terms of time, the project began in the 1970s, but with roots in technology, industry and manufacturing dating back to the 1950s. In terms of space, it has grown to involve technology as much as economics and sales, not just in Italy but also Europe, and later on a global scale, in the United States and beyond.

UniFor originated as an outgrowth of Molteni, the flourishing Italian furniture company founded in the Brianza district. Both the production and distribution systems of that company had already been successfully established in the 1950s under the ambitious leadership of the Molteni family. The challenge that had presented itself, in the case we are examining, was of how to best develop a particular sector—that of office furnishings.

The feat would be accomplished by Angelo Molteni, a true leader who, assisted by the pragmatic and engineering know-how of Michele Casaluci and Pier Carlo Lugli, decided to found the new enterprise called UNIFOR EMME3. The entire undertaking began as an intuition that first started to take shape in the early 1970s, prefiguring the flourishing developments and importance that office furnishings would one day hold in the market with respect to any kind of parameter—above all, sales.

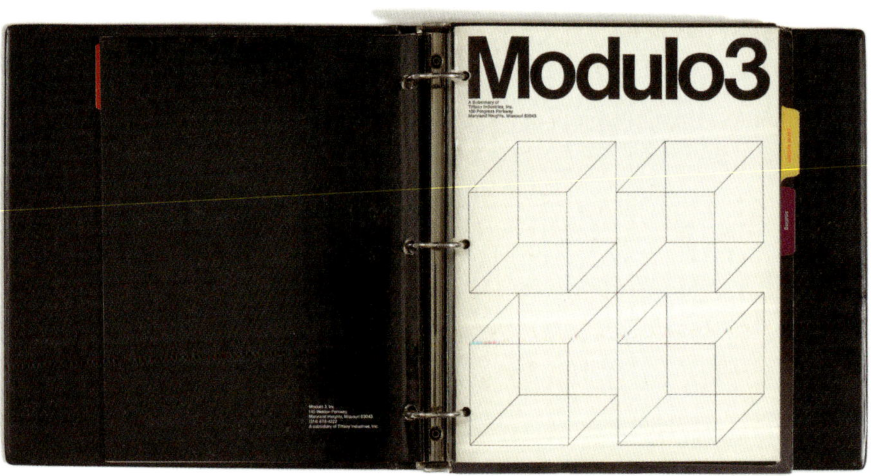

Historic catalogue of the *Modulo3* system.
Catalogo storico del sistema *Modulo3*.

Il progetto della comunicazione

Giovanni Anceschi

Date le dimensioni spaziotemporali del fenomeno, per riuscire ad analizzare la storia comunicativa di UniFor, ma anche solo per descrivere l'evoluzione dei suoi comportamenti comunicativi, ci vorrebbe quasi la voce dell'Omero dell'*Odissea* o la penna del Dante della *Divina Commedia*.

Fuori di metafora: si tratta di un fenomeno produttivo davvero grande e di un grande progetto. È stato fatto tanto, tantissimo. Abbiamo, insomma, a che fare con una grandiosa dimensione e con una complessa articolazione. L'arco di tempo interessato si dipana fino a oggi, a partire dagli anni settanta (ma con radici tecniche, industriali e produttive che risalgono ai cinquanta), e anche l'espansione spaziale si manifesta come un'orbita tanto tecnica quanto economico-commerciale non solo italiana ma anche europea e subito planetaria, fino agli Stati Uniti e oltre.

Si è trattato qui del diramarsi di quella rigogliosa industria italiana del mobile che si era sviluppata originariamente in Brianza. Già negli anni cinquanta era sorta e si era imposta la Molteni fabbrica di mobili, e cioè il mobilificio e il relativo apparato distributivo, sotto la guida dell'imprenditorialità rampante della famiglia Molteni. Si è trattato poi, nel caso che a noi interessa, dello svilupparsi di un particolare settore, quello del mobile per ufficio.

Sarà, infatti, ad opera di un autentico protagonista, Angelo Molteni, coadiuvato dai saperi pragmatici e ingegnereschi di Michele Casaluci e Pier Carlo Lugli, e sotto la sua iniziativa e responsabilità che, diciamo così, per gemmazione nasce la fabbrica UNIFOR EMME3. Si tratta infatti di un'intuizione che viene ad affacciarsi negli anni settanta e che sa prefigurare gli sviluppi davvero rigogliosi e l'importanza rilevante che l'arredo per l'ufficio verrà assumendo sul mercato, rispetto a ogni tipo di parametro – soprattutto quelli propriamente commerciali.

Advertising material presenting a detail of the *Modulo3* stations and a detail of the metal joint.

Materiale pubblicitario che presenta un dettaglio delle postazioni *Modulo3* e il particolare del giunto in metallo.

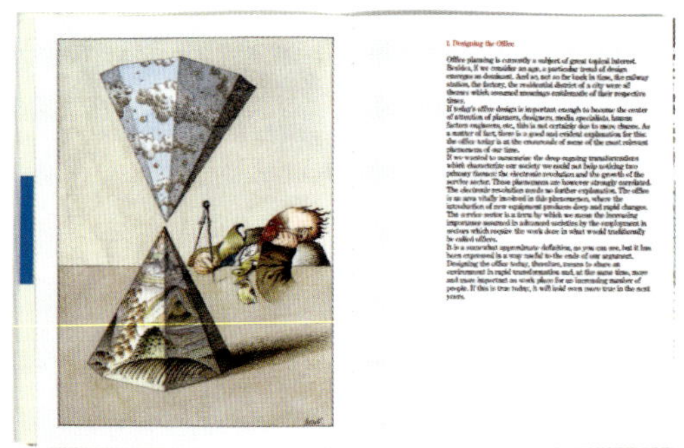

Restyling of the *Modulo3* system catalogues by Pierluigi Cerri, 1980s, and some pages of the *Il Pensiero Mobile* publication with drawings by Tullio Pericoli.

Restyling dei cataloghi del sistema *Modulo3* a cura di Pierluigi Cerri, anni ottanta, e alcune pagine della pubblicazione *Il Pensiero Mobile* con i disegni di Tullio Pericoli.

UniFor catalogue, detail of pages on the *Master* series photographed at the Pinacoteca di Brera.

Catalogo UniFor, particolare delle pagine dedicate alla serie *Master* fotografata alla Pinacoteca di Brera.

Price list and catalogues of UniFor products: *Modulo 3*, *Mix*, and *Mats*, 1983.

Listini prezzi e cataloghi prodotti UniFor: *Modulo 3*, *Mix* e *Mats*, 1983.

UniFor catalogue, pages dedicated to Luca Meda's *Progetto 25*.

Catalogo UniFor, pagine dedicate al *Progetto 25* di Luca Meda.

It must be said, however, that even the most innovative evolutionary transformations need paradigms to refer to: apparently, the company's logo, that is the name UNIFOR, was in emulation of Unimark, the firm of Massimo Vignelli and Bob Noorda, who at that time were two of the world's leading exponents of systematic and coordinated industrial design. Also the product offerings were directly based on pioneering examples of the industrial design methods that were increasingly being put into practice. This choice became apparent from the very beginning, with the production of the *Modulo3* furnishing system by Noorda (with Franco Mirenzi) and the *4D* container system by Angelo Mangiarotti, an Italian architect who had worked in the United States.

These first steps already presented morphological formulas and languages that would continue to move in the direction of the creation of an identity. However, as we examine the entire series of events through today, from a bird's-eye view so to speak, it becomes clear that while this identity is very distinct, it is not held together by any sort of mechanistic or pedestrian inspiration but rather by an extraordinary, and light-handed, coherence.

All of the marketing communication tools employed by UniFor, ranging from the graphic design of the catalogues and announcements to the creation of ephemeral architectures for exhibition stands and showrooms, share, and always will share, a certain fundamental, and above all consistent, characteristic. This characteristic arose from the need to adapt the message to a vast range of components, and thus it had to be capable of accommodating them all, but also, when necessary, of focusing sharply on a specific target. UniFor's communication strategy generally takes the form of a strong presence in space, or, in other words, an action that hosts disparate morphologies, but also a gesture that offers a well-defined experience to those who use that space: what we are talking about, principally, is architecture, even if that architecture is usually ephemeral in nature.

Pierluigi Cerri, Metrocalendario, UniFor gadget, 1987.

Pierluigi Cerri, Metrocalendario, gadget UniFor, 1987.

Va detto, però, che anche le trasformazioni evolutive più innovative hanno bisogno di paradigmi a cui riferirsi: pare infatti che il logogramma, insomma il nome UNIFOR, emuli l'Unimark di Massimo Vignelli e Bob Noorda, due tra gli esponenti più anticipatori del design sistemico e coordinato. Ma anche direttamente la proposta dei prodotti si rifà a esempi pionieristici della metodologia del disegno industriale che sta nascendo e crescendo nella prassi. E si manifesta sin dagli inizi, ad esempio, nel sistema di arredamento *Modulo3* disegnato proprio da Noorda (con Franco Mirenzi), o nel sistema di contenitori *4D* di un Angelo Mangiarotti, architetto italiano arricchito da opportune esperienze statunitensi.

Già questi primi passi propongono comunque formule e linguaggi morfologici che vanno a dispiegarsi come traiettorie impegnate nella creazione di un'identità. Ma uno sguardo fenomenologico complessivo, fino a oggi per così dire a volo d'uccello, metterebbe in rilievo che questa identità è sì molto netta, ma non è tenuta insieme da un'ispirazione meccanicistica o pedestre, piuttosto da una sorta di straordinaria coerenza leggera.

Gli organi comunicativi dell'organismo/impresa UniFor, che vanno dal design editoriale di cataloghi e annunci all'architettura effimera degli stand espositivi e degli showroom, sono e saranno sempre segnati da un carattere fondamentale e soprattutto costante, che emerge dalla necessità di adattarsi all'ampiezza sterminata del ventaglio delle componenti e che sa quindi aprirsi a ventaglio, appunto; ma sa anche, all'occorrenza, concentrarsi per puntare con costanza al bersaglio. La sua esigenza di comunicazione tende a manifestarsi soprattutto come presenza sensata nello spazio, in altre parole come mossa che ospita morfologie disparate ma anche come gesto che offre a chi la abita un'esperienza ben determinata: si tratta principalmente di architettura, anche se di architettura tendenzialmente effimera.

UniFor stand, EIMU 1993, Milan, presentation of the *Naòs* table designed by Pierluigi Cerri.

Spazio UniFor, EIMU 1993, Milano, presentazione del tavolo *Naòs* disegnato da Pierluigi Cerri.

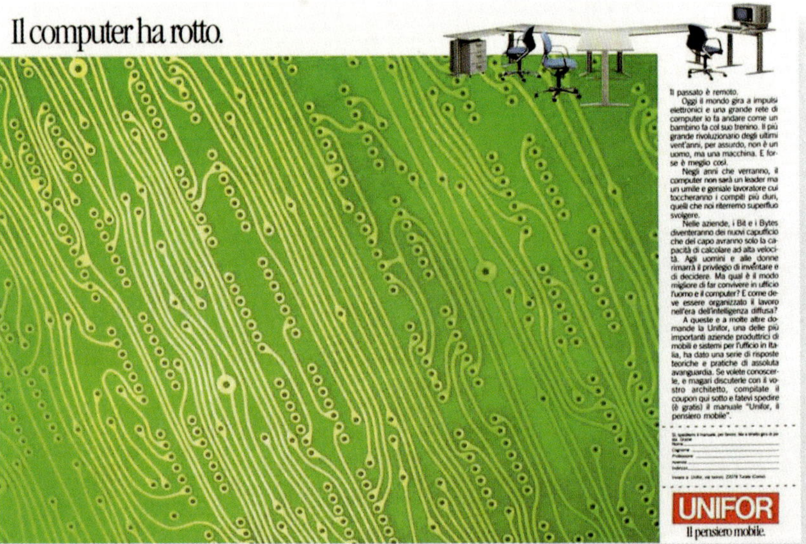

UniFor advertising campaign curated by FCA / Sabbatini Baldoni Panzeri and coordinated by Pierluigi Cerri, 1986.

Campagna pubblicitaria UniFor, curata dall'agenzia FCA / Sabbatini Baldoni Panzeri e coordinata da Pierluigi Cerri, 1986.

L'uomo non è un bene immobile.
UNIFOR
Il pensiero mobile.

Come cambia la figura del manager.
UNIFOR
Il pensiero mobile.

Il mestiere più antico del mondo: l'architetto.
UNIFOR
Il pensiero mobile.

Corporate identity by Pierluigi Cerri,
covers of the UniFor catalogues,
late 1980s – early 1990s.

Immagine coordinata a cura di Pierluigi Cerri,
copertine dei cataloghi UniFor,
fine anni ottanta – inizio anni novanta.

Corporate identity by Pierluigi Cerri,
pages of catalogues from the late 1980s.

Immagine coordinata a cura di Pierluigi Cerri,
pagine di alcuni cataloghi, fine anni ottanta.

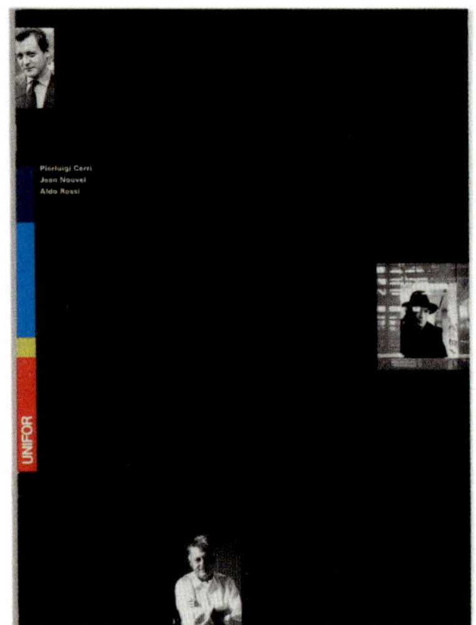

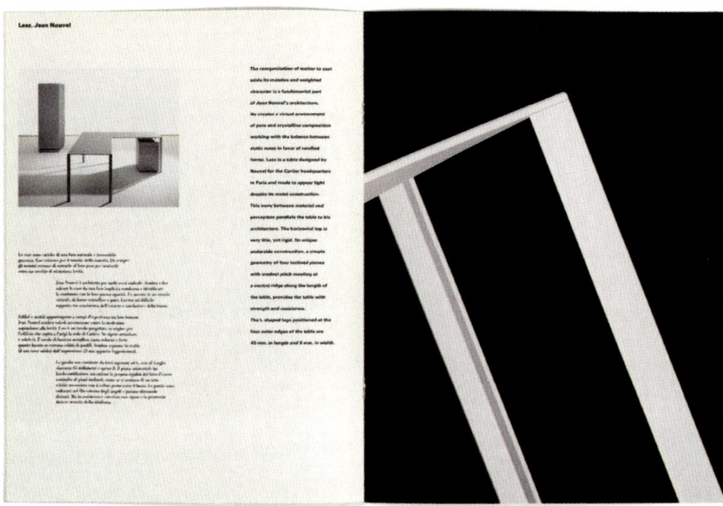

Cover and inside pages of the 1994 UniFor catalogue with details of the *Less* (Jean Nouvel Design), *Naòs* (Pierluigi Cerri), and *Consiglio* (Aldo Rossi) products.

Copertina e pagine interne del catalogo UniFor, 1994, con dettagli dei prodotti *Less* (Jean Nouvel Design), *Naòs* (Pierluigi Cerri) e *Consiglio* (Aldo Rossi).

Cover and inside pages of some UniFor catalogues, including those featuring *iSatelliti* (F&L Design), 1990s.

Copertina e pagine interne di alcuni cataloghi UniFor, tra cui quelli dedicati a *iSatelliti* (F&L Design), anni novanta.

Pareti, scrivanie e contenitori che si muovono, si accostano, si compongono... Si integrano. Definiscono uno spazio flessibile e dinamico. Capace di modificarsi in continuazione per soddisfare specifiche necessità funzionali. Un ambiente confortevole abitato da spazi aperti e protetti, chiusi e trasparenti, isolati e in costante comunicazione tra loro. Luoghi per lavorare individualmente e insieme con gli altri. Configurazioni operative, postazioni professionali, uffici direzionali. Tavoli, elementi di partizione e complementi di servizio. Situazioni di lavoro che convivono. Sistemi per ufficio che collaborano.

Walls, desks and case pieces that move, look great side by side, combine... and supplement one another. Define a space that's flexible and dynamic. Capable of changing, nonstop, to satisfy specific functional needs. A comfortable setting inhabited by open and protected, closed and transparent spaces, isolated but in constant communication with one another. Places for working alone or together with others. Task configurations, professional stations, managerial offices. Tables, partition elements and service complements. Work situations that coexist in mutually respectful harmony. Office systems that collaborate with one another.

Una solida struttura metallica che nasconde sofisticati meccanismi di regolazione. Tavoli scrivania che si spostano, si alzano, si abbassano, con semplici movimenti. Piani di lavoro che facilmente si adattano alle varie esigenze. Pareti divisorie di diverse altezze e lunghezze. Una colonna di servizio per l'alimentazione di tutte le strumentazioni elettroniche. Una serie di complementi funzionali per personalizzare ogni postazione. Tavoli quadrati di differenti dimensioni e altezze variabili. Cassettiera su ruote. Mobile contenitore con scaffale e guardaroba.

A solid metal structure that hides sophisticated adjustment mechanisms. Desk tables that move around and are raised and lowered with the simplest of gestures. Work tops that easily adapt to a variety of needs. Wall dividers in varying lengths and heights. A power pole for all types of electronic instrumentation. A series of functional pieces for customizing each workstation. Square tables in different dimensions and variable heights. Drawer pedestal on wheels. Case furniture piece with shelf and wardrobe.

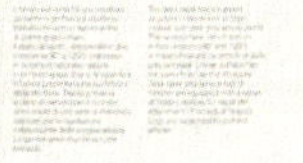

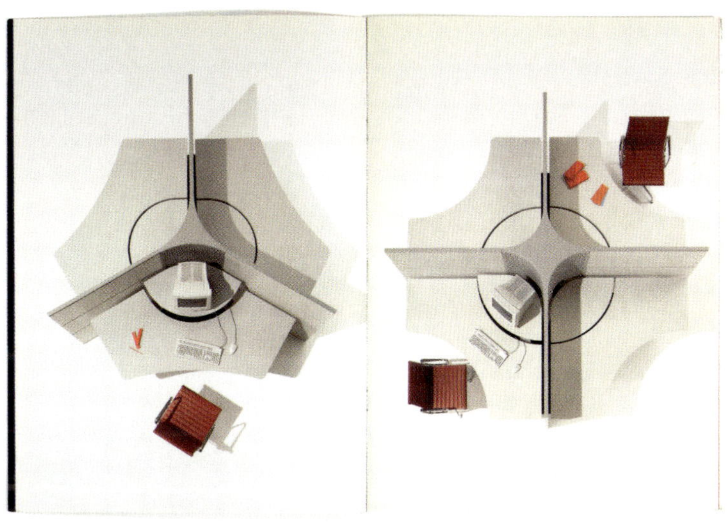

In short, UNIFOR, which at a certain point becomes the more effective UniFor, both receives and offers: it has learned how to receive in order to offer. The organ of this capacity to take in everything that can come from the outside world—and from manufacturing requirements—is a truly infinite methodological galaxy. A sort of Cartesian space with room for every form and every measure.

The essence of Pierluigi Cerri's communication strategy is Cartesian, but the effect is perhaps even ultra-Cartesian, in the sense that UniFor also has the penchant and the ability to adopt pragmatic measures that, when necessary, can transform the underlying rigor while nonetheless leaving it intact.

Indeed, UniFor always aims to please its interlocutors, but it also aims beyond that, toward achieving pure efficiency of use and operation. UniFor aims to provide a sort of ergonomic happiness. It is always a question, for UniFor, of measuring the effects, or, better still, of measuring them against the situation. Nonetheless, this field of possibilities, this immense potentiality of options, is not something to exploit to the extreme, nor to be exhausted: with UniFor we never see exaggeration or excess. In truth, hints of a certain accentuation (a sort of meaty caricature) have appeared here and there in the range of output; but they have never been true exaggerations—rather, conditions that could be defined as "developments taken to their limit."

Insomma UNIFOR, che a un certo punto diventerà il più efficace UniFor, accoglie e porge: sa accogliere per porgere. L'organo di questa capacità di accoglienza nei confronti di tutto quello che può provenire dal mondo – e dalle esigenze fabbricative – è un'autentica, sterminata galassia metodologica. Una sorta di spazio cartesiano in cui ogni forma e ogni misura possa trovar posto.

Nel progetto di Pierluigi Cerri il respiro è cartesiano ma in realtà l'azione è addirittura ultra-cartesiana, nel senso che UniFor dispone anche di un'inclinazione e di una capacità per l'adozione di misure pragmatiche che, quando serve, sanno anche trasformare, pur senza squinternarlo, il rigore di base.

UniFor punta infatti al piacere dei suoi interlocutori, punta oltre, punta più avanti della pura efficienza d'uso e di funzionamento. UniFor punta a una sorta di felicità ergonomica. Per l'azienda si tratta sempre di misurare gli effetti, o meglio, di commisurarli alla situazione. E questo campo di possibilità, questa smisurata potenzialità delle opzioni non viene però sfruttata all'estremo, non viene per principio esaurita: mai esagerazioni o estremizzazioni. A dire il vero qualche cenno a uno stress, cioè a una sorta di sostanziosa "caricatura", è sparso qua e là nel panorama dei risultati, ma non si tratta di una vera esagerazione quanto di una condizione che potrebbe essere definita come "qualificazione portata al limite".

Corporate identity by Pierluigi Cerri, evolution of the UniFor logo.

Immagine coordinata a cura di Pierluigi Cerri, evoluzione del logo UniFor.

UniFor catalogue featuring the *LessLess* series by Jean Nouvel Design.

Catalogo UniFor dedicato alla serie *LessLess* di Jean Nouvel Design.

A kind of stretching, as it were, which serves to highlight, or rather demonstrate, the potentialities it holds within. To recap: in the case of UniFor, marketing communication is a methodological container capable of accommodating its entire production range, but it is also an apparatus that proposes an identity and then imposes it. Over time, and to this day.

It is, in fact, a sort of super-abacus that has been adept at receiving the contribution of numerous different design personalities—from Aldo Rossi to Richard Sapper, from Renzo Piano to Afra and Tobia Scarpa—without smothering them, but ultimately instilling their creations with a sort of family air. In a nutshell, UniFor is capable of absorbing anything, but it does so in favor of an identity that maintains its own miraculous unity.

Much of the variety is provided by the fabrication aspect, while the unity is also the result of a carefully studied and hyper-systematic corporate identity manual, which ensures that everyone's contribution will go into the construction of a solid reputation.

There is one element that literally stands out in the context of exhibition design for trade fairs and the like, clearly a crucial arena for creating and maintaining UniFor's brand. Stands and showrooms, in addition to their promotional role, must also function as catalogs, just like lists, as Umberto Eco would say. The emblematic architectural/communicative element that metaphorically contains this list of products is the so-called "banner structure" that surrounds and delimits the stand from above. In the early days, this horizontal band was transparent, but later it became a beautiful and very unchanging red. It serves as a marker and as an element of the corporate identity, but also, and perhaps primarily, as a pure signal, an instrument of basic visibility. Thus, it is a right and good thing. This band presents itself with decisive constancy, yet without a trace of obstinacy or dullness. It is a very marked element with its own evolutionary history, which has necessarily been metamorphic and adaptive.

Studio Cerri & Associati, UniFor stand, Orgatec 2010, Cologne.

Studio Cerri & Associati, spazio UniFor, Orgatec 2010, Colonia.

Una certa forma di stretching che, per così dire, serve a mettere in luce o meglio a dimostrare le virtualità potenziali che contiene. Ripetiamo: si tratta nel caso di UniFor di un contenitore metodologico che sa accogliere l'intero ventaglio di cui è il caso, ma che è anche un apparato che propone un'identità e la viene imponendo. Nel tempo, fino a oggi.

È, infatti, una sorta di super-abaco che ha, nei fatti, saputo accogliere il contributo di molteplici personalità progettuali differentissime – da Aldo Rossi a Richard Sapper, da Renzo Piano ad Afra e Tobia Scarpa – senza però fagocitarle, ma finendo per attribuire ai loro risultati una sorta di aria di famiglia. UniFor è, insomma, in grado di assorbire qualsiasi cosa, a favore però di un'identità che mantiene una sua miracolosa unitarietà.

La varietà proviene molto dalla dimensione fabbricativa e l'unitarietà proviene, invece, anche dalla costruzione consapevole di un manuale di immagine coordinata supersistematico, garante della generazione presso i destinatari di una saldissima reputazione.

C'è un elemento che letteralmente svetta nell'ambito dell'exhibition design, e cioè nel settore delle fiere ed esposizioni, che sono evidentemente un contesto cruciale per la configurazione e il profilo intenzionale di UniFor. Stand e showroom devono funzionare non solo come promozione ma anche come catalogo, direi quasi come listino: proprio come una lista, direbbe Umberto Eco. Questo elemento architettonico/comunicativo emblematico è la cosiddetta "veletta" che circonda e delimita in alto lo stand. Questa fascia, in una prima fase trasparente e poi colorata di un bel rosso molto stabile, funziona come marcatore e come elemento coordinatore di immagine. Ma addirittura, forse, primariamente e semplicemente come puro segnale, strumento che fornisce una visibilità di base: il che in questo caso vuol dire un'esistenza utile. Questa fascia – dicevamo – si presenta con una costanza determinante, priva però di ogni testardaggine od ottusità sistemica. Si tratta di un elemento molto marcato che possiede a sua volta tutta una sua storia evolutiva, necessariamente metamorfica e adattiva.

Studio Cerri & Associati, UniFor stand, Orgatec 2016, Cologne, presentation of the *LessLess Color* series by Jean Nouvel Design.

Studio Cerri & Associati, spazio UniFor, Orgatec 2016, Colonia, presentazione della serie *LessLess Color* progettata da Jean Nouvel Design.

What we have previously called a methodological galaxy is also a neutral, but not in the least anonymous, structure. Obviously, it never bears strongly semantic characters; it never has been and never will be, for example, Pop. Though the systemic elasticity that we have described would be perfectly capable of absorbing even a Pop morphology, it will never do so because of a deliberate strategic decision regarding the families of forms to be used in order to prevent any divergence or semantic interference.

Something else worth noting is the multitasking character of every project and result. For example, the exhibition fit-outs at trade fairs, and even more so in showrooms, are obviously composed of a plurality of components and elements. Each has been skillfully designed to also function as an autonomous product, and to be marketed as such. This is a sort of welcome and planned side effect.

Quello che all'inizio abbiamo chiamato galassia metodologica è peraltro una struttura neutrale ma non anonima. Non si veste mai, ovviamente, di caratteri fortemente semantici, ad esempio non è stata e non sarà mai, che so io, pop. Del resto l'elasticità sistemica che abbiamo descritto sarebbe perfettamente in grado di assorbire anche una morfologia pop, ma non lo ha mai fatto. Vi è dunque anche una consapevole decisione strategica che riguarda le famiglie di forme adottate e lo schivare accuratamente i rischi di sbavature o interferenze di natura semantica.

Va ancora fatto notare il carattere multitasking di ciascun intervento e risultato. Ad esempio: gli allestimenti, e ancora di più gli showroom, sono ovviamente composti da una pluralità di componenti e di elementi che poi, da soli, in quanto ciascuno per sé saviamente progettati, possono funzionare come prodotti autonomi e sono commercializzati come tali: una sorta di graditi – se non addirittura previsti – effetti collaterali.

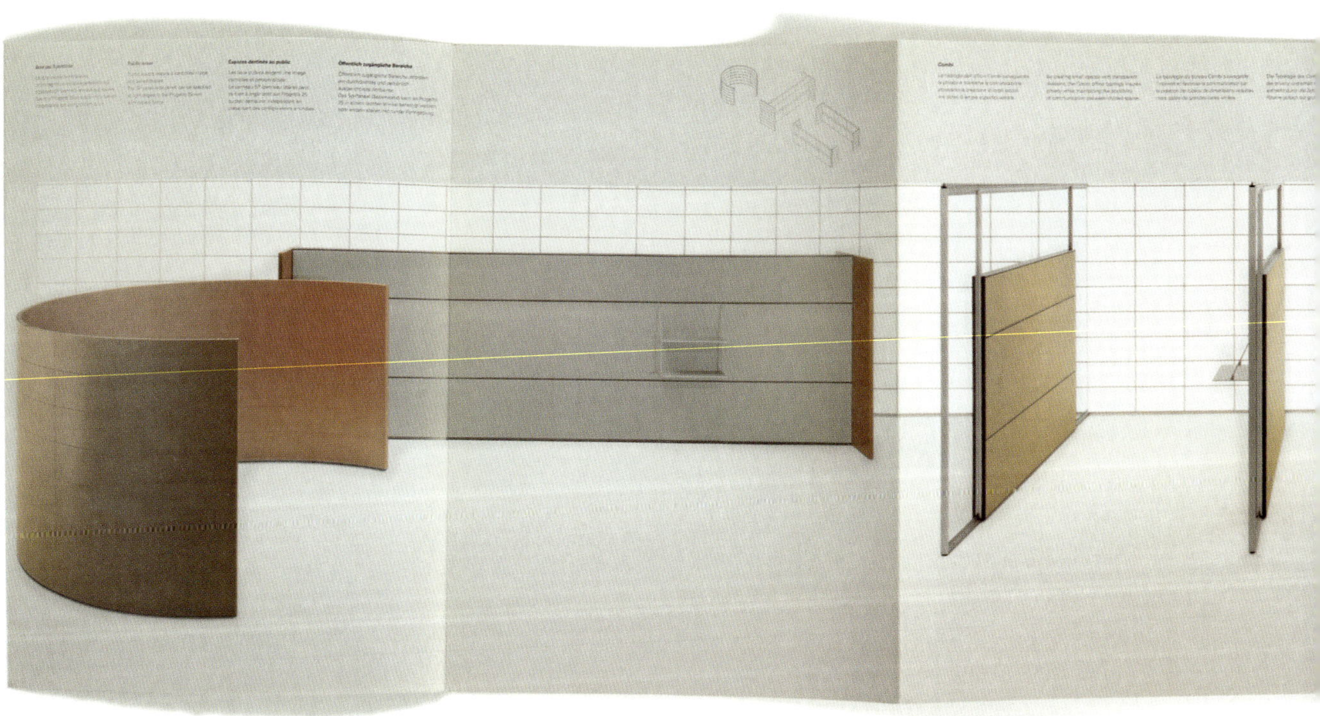

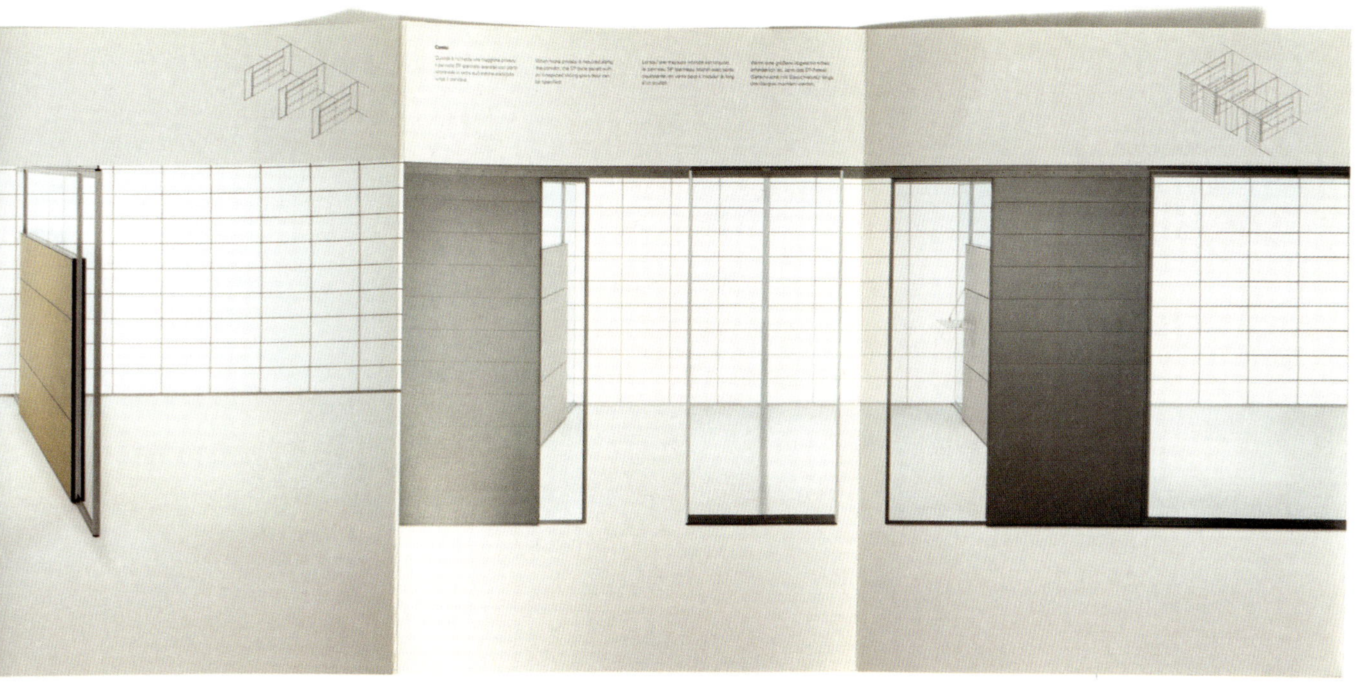

UniFor leaflets featuring Luca Meda's *Progetto 25*, updated in 2005, and the *LessLess* series by Jean Nouvel Design.

Pieghevoli UniFor dedicati al *Progetto 25* di Luca Meda, aggiornato nel 2005, e alla serie *LessLess* di Jean Nouvel Design.

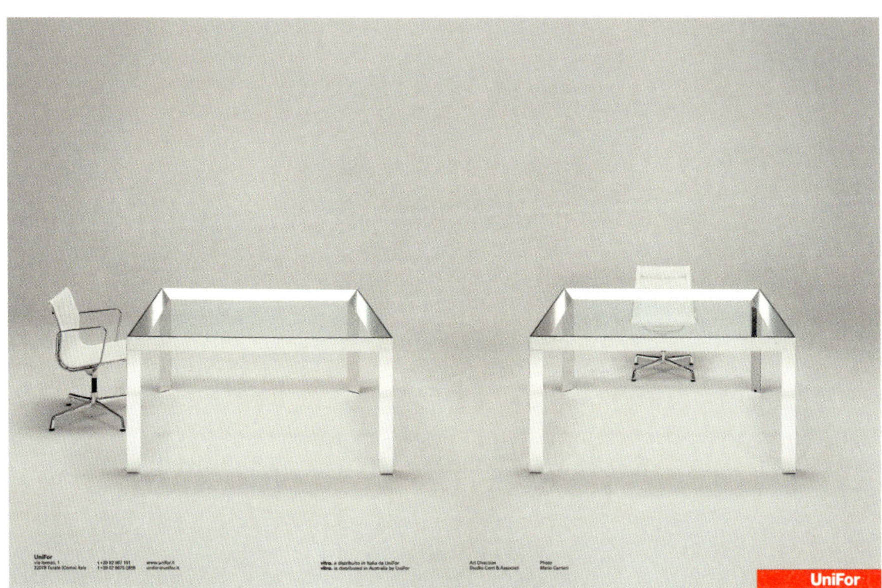

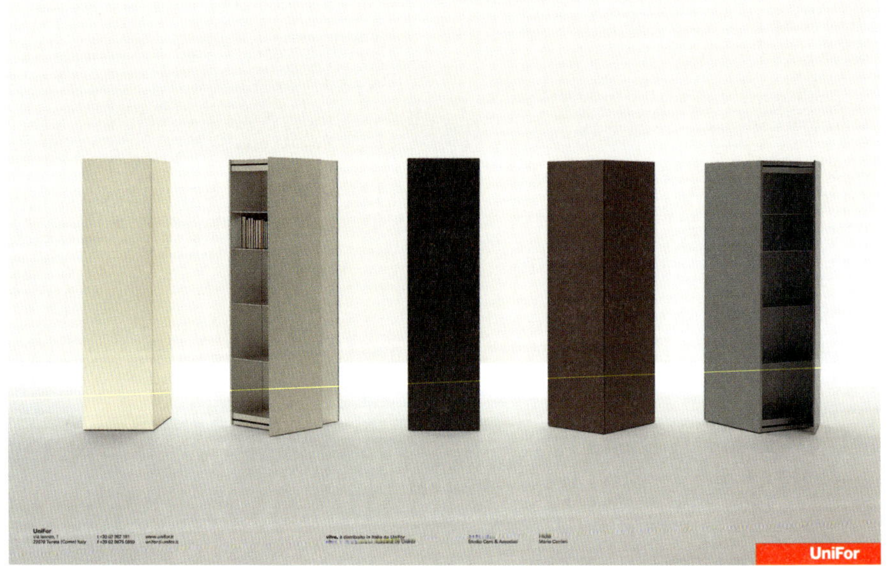

Covers and inside pages of UniFor catalogues featuring *Naòs* (Pierluigi Cerri), *LessLess* (Jean Nouvel Design), *Element Office Collection* (Foster+Partners), and *Cases* (Jean Nouvel Design).

Copertine e pagine interne dei cataloghi UniFor dedicati a *Naòs* (Pierluigi Cerri), *LessLess* (Jean Nouvel Design), *Element Office Collection* (Foster+Partners) e *Cases* (Jean Nouvel Design).

Foster+Partners
Element Office Collection.
UniFor

UniFor

Cases.
Jean Nouvel Design
UniFor

UniFor

One of UniFor's most important communication tools consists in the window dressings of its flagship store in Milan. Each year at the beginning of the winter and Christmas season, in what has become an annual tradition, a sort of communication rite, the city looks forward to the appearance of UniFor's display of unusual, contemporary lighting effects. These are "installations" in a sense very similar in spirit to art installations—they have a certain Dan Flavin air about them. Similarly, Pierluigi Cerri's "works of art," that is his exhibition fit-outs, also have the functional requirement of presenting something new each year—they are metamorphoses, aesthetic variations on a theme.

The whole of UniFor's immense range of communication tools, including its exhibition architecture, generates in its audience an overall sensation that both the process and the results represent something exceptional: that is, a company "aiming for perfection." Always and everywhere. We all know that perfection is not of this world, but there is no more wonderful sensation than that of trying to achieve it.

Uno tra i più significativi tra questi organi della comunicazione di UniFor sono le vetrine del negozio istituzionale di Milano. Si tratta di un autentico appuntamento annuale, una sorta di rito comunicazionale. Il fruitore si aspetta e aspetta la comparsa, diciamo così invernale e natalizia, di questi insoliti e contemporanei effetti luminosi. Le vetrine sono "installazioni", l'ispirazione è molto prossima a quella artistica. Si respira una certa aria alla Dan Flavin. Ma "le opere d'arte" di Pierluigi Cerri, dovendo rispondere alla necessità funzionale di rappresentare una sempre rinnovata novità annuale, hanno la forza di presentarsi come metamorfosi, o meglio come variazioni estetiche ogni anno diverse.

La sensazione complessiva generata dall'insieme di incontri che noi destinatari abbiamo con l'immensa gamma di artefatti generati da UniFor e per UniFor è quella che il procedimento, così come l'insieme dei risultati, faccia qualcosa di eccezionale, cioè "tenda alla perfezione". Sempre e comunque. Sapendo perfettamente che la perfezione non è di questo mondo ma che non c'è sensazione più miracolosamente travolgente della tensione verso di essa.

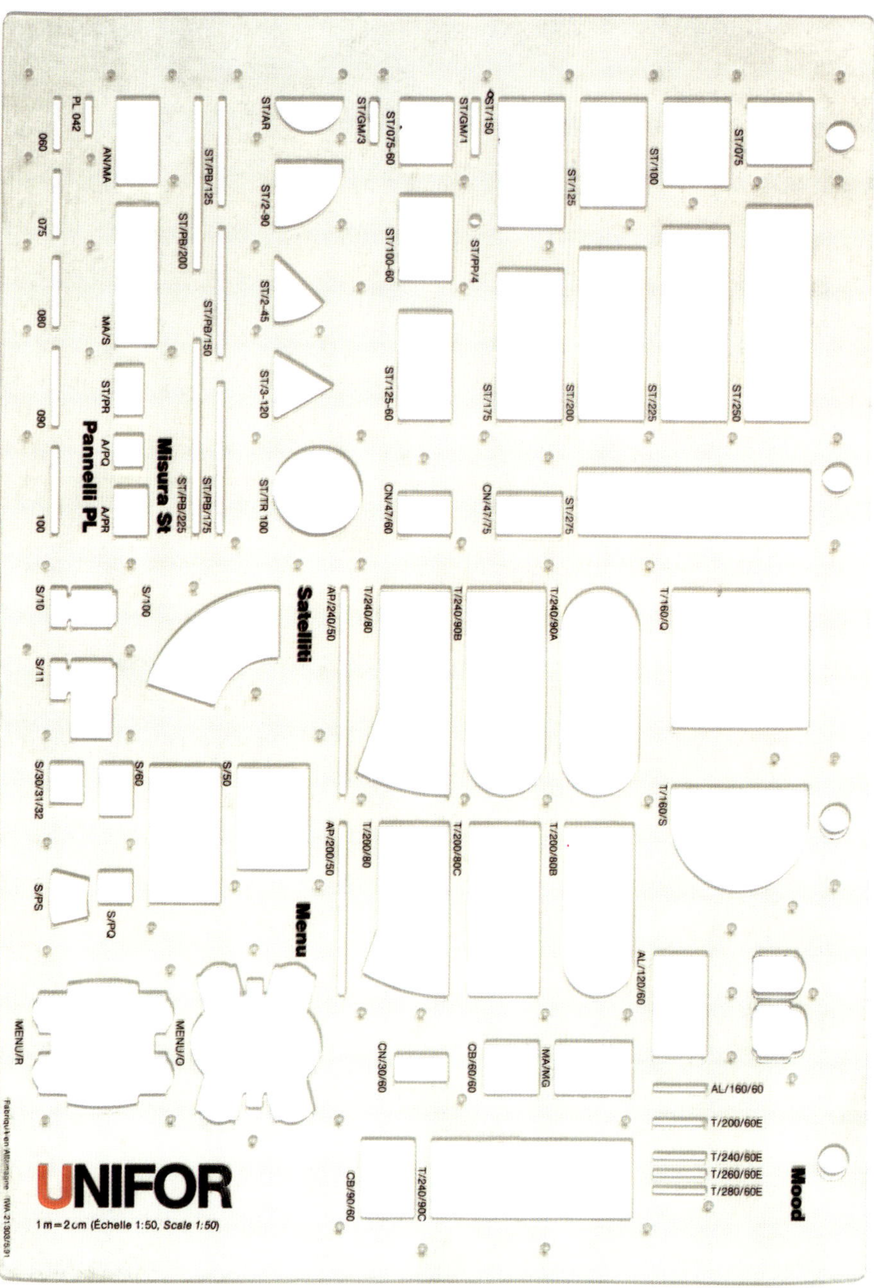

Normograph of UniFor products, 1980s.
Normografo prodotti UniFor, anni ottanta.

The image/The word

Daniele Vitale

A company's image is like an aura that surrounds it: an indefinite quality that goes beyond the products to draw on a series of initiatives and events. UniFor's corporate identity was formed in a discreet, almost silent manner and its public presence gradually increased thanks to the visibility gained on specific occasions; but it was also something they actively pursued. Of the various marketing channels, some were new and thus quite interesting. Three in particular.

The first channel has involved words and storytelling. Over the years, articles and small books have been published, the purpose of which was not exclusively to present furnishings or finished projects. Their topics have centered on the office and the home, the "philosophy of furnishings," and the history of the objects around us. The products came later and the connection was only implicit.

In those years, UniFor, Molteni&C, and Dada were, in their own quiet way, an experimental laboratory also in the field of trade fairs and cultural exhibitions. For UniFor and Molteni&C, exhibition fit-outs became a second profession. Much more than simple backgrounds, these are true works of architecture, often based on walls and partitions, with the furniture on display acquiring a sort of "unreal" quality by applying enlargements of drawings and photographs. A sort of stage set is thus composed and the individual pieces are positioned, like actors, within it.

A third group of opportunities is the production of furnishings conceived for specific architectural works. Many architects had already worked with the Molteni Group, others were just starting. Once the prototypes were developed, many pieces went into regular production.

Beginning in 1983, the Teatro Carlo Felice in Genoa, destroyed by the war, was redesigned and rebuilt by Ignazio Gardella, Fabio Reinhart, and Aldo Rossi. UniFor provided the armchairs for the lobby, while Molteni&C produced the furnishings for the common areas.

Aldo Rossi's Bonnefantenmuseum in Maastricht was completed in 1994; UniFor developed the *Consiglio* table and the *Cartesio* bookcase to designs by Rossi, while Molteni&C produced Rossi's *Maastricht* chair and the *Providence* sofa for the same project.

Also in 1994, Jean Nouvel built the new headquarters of the Fondation Cartier pour l'art contemporain in Paris. For this architecture based on transparencies and plays of light and diffusion, UniFor worked with Nouvel to develop *Less*, a lightweight, minimalist table that was subsequently added to the company's catalogue.

In 1997, Rossi oversaw the reconstruction of the Teatro La Fenice in Venice, which had been destroyed by fire. In one of the inner auditoriums, UniFor and Molteni&C built a wooden replica of the facade of the Basilica Palladiana in Vicenza on a reduced scale. Though the dimensions, material, and purpose were different with respect to exhibition stands, it was again one architecture placed inside another.

These unique environments, executed with exceptional levels of craftsmanship, were in many cases the starting point for the production of serial furnishings. But they were also important for other reasons: because there is always something to learn from these great works; because architects too can learn from the organizational and artisanal skills that make up industrial expertise; and because these experiences do generate a great deal of interest around them.

"Corporate identity" is a paltry thing when it is driven only by sales and production figures, when it's just planning and management. Throughout its history, UniFor has demonstrated that a different path is possible: the useful and the useless can intertwine and inhabit the same space.

L'immagine/La parola

Daniele Vitale

L'immagine di un'azienda è un'aura che l'avvolge: una nebulosa che sta oltre i prodotti e la loro qualità e trae alimento da una serie di eventi e iniziative. Nel caso di UniFor si è formata in modo discreto e quasi silenzioso, attraverso una presenza pubblica cresciuta nel tempo, legata alle occasioni ma anche perseguita con determinazione. Diversi i canali, alcuni inediti e per questo interessanti. Tre in particolare.

Un primo canale è stato quello della parola e del racconto. Sono usciti nel tempo contributi, pubblicazioni, giornali, fascicoli, piccoli libri che non avevano solo lo scopo di presentare mobili e realizzazioni. Erano discorsi sull'ufficio e sulla casa, sulla "filosofia dell'arredamento" e sulla storia degli oggetti. I prodotti venivano dopo, il collegamento era solo implicito.

UniFor, Molteni&C e Dada sono state in quegli anni, in modo discreto, un laboratorio sperimentale. Lo sono state anche su un secondo terreno, quello degli allestimenti e delle esposizioni. Per UniFor e Molteni&C, l'allestimento è diventato un secondo mestiere. Non solo sfondo o scenario, ma opera di architettura. Gli allestimenti spesso sono murari e fondati su pareti, ma anche i mobili messi in mostra spesso sono analoghi a pareti, le cui superfici possono diventare irreali applicando disegni e fotografie ingranditi. Si compone un quadro e all'interno stanno, come attori, i pezzi singoli.

Infine, un terzo gruppo di occasioni è quello dei mobili e degli arredamenti progettati per grandi opere di architetti. Molti di loro avevano già lavorato con il Gruppo Molteni, altri avrebbero iniziato a farlo. Si mettono a punto prototipi, diversi dei quali poi messi in produzione.

Nel 1983 e negli anni successivi, viene progettato e ricostruito dalle macerie della guerra il Teatro Carlo Felice di Genova (di Ignazio Gardella, Fabio Reinhart e Aldo Rossi). UniFor realizza la poltroncina della grande sala e Molteni&C gli arredamenti delle parti comuni.

Nel 1994 termina la costruzione del Bonnefantenmuseum di Aldo Rossi a Maastricht, in Olanda. In quell'occasione UniFor realizza su disegno di Rossi il tavolo *Consiglio* e la libreria *Cartesio*, Molteni&C la sedia *Maastricht* e il divano *Providence*.

Nel 1994 Jean Nouvel realizza a Parigi, in boulevard Raspail, la nuova sede della Fondation Cartier pour l'art contemporain, un'architettura basata su trasparenze, giochi di luce e dissolvenze. UniFor mette a punto, per l'occasione, un tavolo leggerissimo e minimalista, *Less*, che diventa una nuova linea di produzione.

Nel 1997 Aldo Rossi progetta la ricostruzione del Teatro La Fenice di Venezia, andato distrutto in un incendio. In una sala interna viene innalzato da UniFor e Molteni&C, in scala ridotta e in legno, il fronte della Basilica Palladiana di Vicenza. Cambiano la dimensione, il materiale e il senso, ma accade – come sempre – che un'architettura trovi posto dentro un'altra.

Sono esperienze esemplari e non ripetibili, realizzate con perizia artigianale, ma diventano la scena per mobili seriali. E sono importanti anche per altri motivi: perché da quelle grandi opere si impara; perché da un sapere aziendale, che è insieme organizzato e artigianale, imparano a loro volta gli architetti; infine, perché non c'è solo l'esperimento, ma la cassa di risonanza che gli si crea intorno.

"L'immagine aziendale" è cosa povera quando si piega a calcoli direttamente commerciali e produttivi; diventa ciò che si insegna nelle scuole e nelle università di economia, un problema di gestione, di programmazione, di management. UniFor ha spesso dimostrato, nella sua storia, che è possibile una strada differente, e che utile e inutile possono intrecciarsi e appartenere a una stessa dimensione.

Close encounters

Incontri ravvicinati

Chapeau les artistes!

Jean Nouvel

In 1994, for the opening of the Fondation Cartier pour l'art contemporain, I designed a few furnishing pieces: a desk-table, a double rotating totem that saves space without needing to be placed against the wall, a long, low bench-table inspired by Jankélévitch's philosophy of almost-nothing…

In order to succeed, I needed a determined and outstanding furniture maker. I looked around and found Piero Molteni, head of the great Italian brand UniFor: an entrepreneur in love with his products, a demanding perfectionist, an inspired engineer. He loved the tension that emanated from these extremely precise objects and set out to identify the best way to reveal their need for elementarity. I understood that Piero always aimed for perfection, and in fact all of our creations were capable of managing and translating this ambition.

After the *LSS* line and its perfect Darwinian evolution that allowed its expansion, we moved on to more complex and peculiar creations, such as the snake of the Quai Branly museum and its immense display cases, or the *Table au kilomètre*, a true bridged structure extendable from 4 to 10 meters in length. Or the *Living-Cube*, a volumetric puzzle shaped like a parallelepiped that encloses tables and support bases of all kinds. And finally, these office furnishing that, with the simplicity of children, allow you to stack wooden cubes to customize your own workstation.

Piero Molteni, UniFor and I have crossed the beginning of this century with enthusiasm and inspiration. That's why they will always have my respect and my friendship: chapeau les artistes!

Nel 1994, per l'apertura della Fondation Cartier, disegno alcuni pezzi: un tavolo-scrivania, un doppio totem girevole che, senza essere appoggiato al muro, consente di risparmiare spazio, una panca-tavolino bassa e lunga ispirata alla filosofia del quasi-niente di Jankélévitch…

Per riuscire nel mio intento avevo bisogno di un mobiliere convinto e virtuoso. L'ho cercato e l'ho trovato: Piero Molteni, a capo del grande marchio italiano UniFor, è un imprenditore innamorato dei suoi prodotti, esigente, perfezionista, un ingegnere ispirato. Si è appassionato alla tensione sprigionata da questi oggetti più che precisi e si è prefissato di individuare la tecnica migliore per svelarne l'esigenza di elementarità. Ho capito che Piero si poneva sempre come obiettivo la perfezione, e tutte le nostre creazioni hanno saputo tradurre e gestire questa ambizione.

Dalla linea *LSS* e dalla perfetta evoluzione darwiniana che ha permesso di ampliarla siamo poi passati alle realizzazioni più complesse e insolite, come il serpente del museo di Quai Branly e le sue immense vetrine. O come il *Table au kilomètre*, un vero e proprio ponte allungabile da 4 a 10 metri di lunghezza. O come il *Living-Cube*, un puzzle volumetrico a forma di parallelepipedo che racchiude in sé tavoli e basi di appoggio di ogni tipo. Fino ad arrivare a questo mobile per ufficio che, con la semplicità dei bambini, permette di impilare cubi di legno per personalizzare la propria postazione di lavoro.

E così io, Piero Molteni e UniFor abbiamo attraversato questo inizio di secolo con entusiasmo e ispirazione. Ecco perché meritano il mio rispetto e la mia amicizia, per sempre: chapeau les artistes!

Fondation Cartier pour l'art contemporain

Paris, 1994

Architectural project and interior design
Progetto architettonico e d'interni
Ateliers Jean Nouvel

The headquarters of the Fondation Cartier in Paris appears as a dematerialized structure, completely immersed in the green of the historic garden with its famous Tree of Liberty, a Lebanese cedar planted by Chateaubriand nearly two centuries ago. The building, conceived as a simple glass box supported by a slender steel frame, abuts Boulevard Raspail with an evocative sequence of transparent facades, arranged like parallel screens to delimit the garden and the nine-floor structure with a large glazed volume for the exhibition spaces and offices on the upper floors. The immaterial lightness of the architecture is echoed in the interiors, where the *Less* furniture pieces, expressly designed by Jean Nouvel for this project and later produced in series by UniFor, create an unprecedented landscape for the contemporary work environment. The simple and functional design of the tables, workstations, and containers takes form in solid metal structures defined by simple volumes, clean lines, smooth surfaces, and compact footprints.

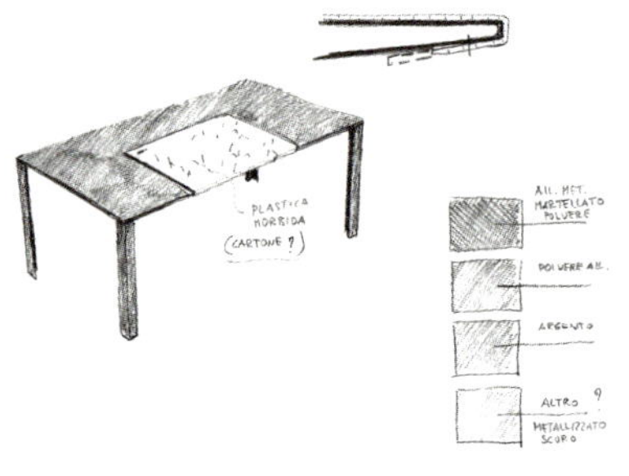

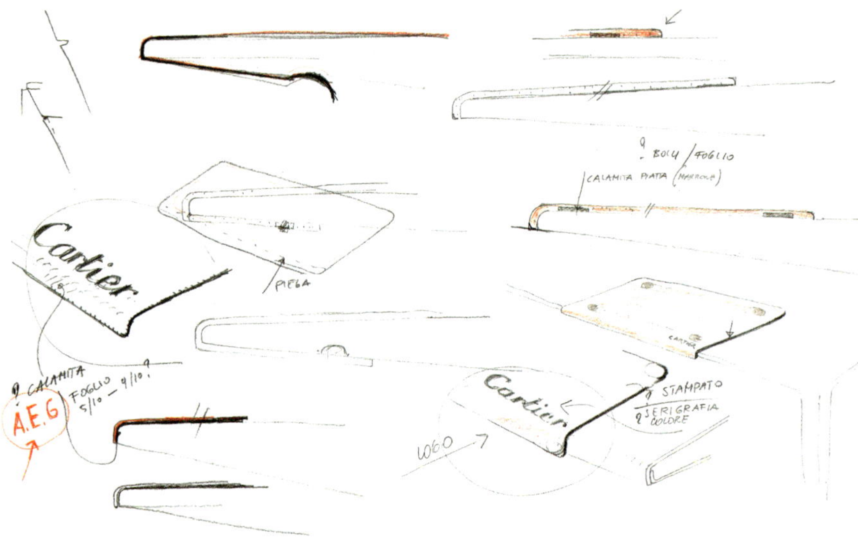

Ateliers Jean Nouvel, interiors and study sketches for the Fondation Cartier pour l'art contemporain, Paris, 1994.

Ateliers Jean Nouvel, interni e schizzi di studio per la Fondation Cartier pour l'art contemporain, Parigi, 1994.

La sede della Fondation Cartier a Parigi si presenta come una struttura architettonica smaterializzata, completamente immersa nel verde degli storici giardini dove spicca la presenza del famoso albero della vita, un cedro secolare piantato da Chateaubriand. L'edificio, concepito come una semplice scatola di vetro sostenuta da un esile reticolo in acciaio, si allinea a Boulevard Raspail con una suggestiva sequenza di facciate trasparenti, poste come setti paralleli a delimitare il giardino e la struttura di nove piani con l'ampio volume vetrato dell'area espositiva e gli uffici dei livelli superiori. La leggerezza immateriale dell'architettura è riproposta negli interni, dove i mobili *Less*, appositamente disegnati da Jean Nouvel per questo intervento e successivamente prodotti in serie da UniFor, propongono un inedito paesaggio per l'ambiente di lavoro contemporaneo. Qualificati da un design essenziale e funzionale, tavoli, postazioni operative e contenitori si concretizzano in solide strutture metalliche, definite da volumi primari, linee pulite, superfici lisce e profili contenuti.

Musée du Quai Branly
Paris, 2007

Architectural project and interior design
Progetto architettonico e d'interni
Ateliers Jean Nouvel

Home to an extraordinary collection devoted to the arts and civilizations of Africa, Asia, Oceania, and the Americas, the Musée du Quai Branly in Paris extends into the surrounding greenery and literally pierces the landscape through a series of buildings immersed in an ever-changing wooded environment. The exhibition spaces, the offices, and the work and study areas are integrated with nature, the neighborhood, and the city. While the compositional solutions are quite diverse—high glass fences, green walls, adjustable brise-soleils, projecting volumes, suspended structures, curtain walls—together they define a coherent and visually exciting whole in terms of both architecture and landscape. This innovative structure makes use of the language of technology to express a poetic vision. The same design approach characterizes the furnishings of the volumes devoted to offices, aimed at ensuring compositional flexibility, high technical performance, optimal comfort, and environmental quality.

Ateliers Jean Nouvel, exterior and interior views of the Musée du Quai Branly, Paris, 2007.

Ateliers Jean Nouvel, esterno e veduta interna del Musée du Quai Branly, Parigi, 2007.

Sede di una collezione straordinaria dedicata alle arti e civiltà di Africa, Asia, Oceania e Americhe, il Musée du Quai Branly a Parigi si sviluppa come un'architettura/territorio articolata in una serie di edifici immersi in un mutevole paesaggio arboreo. Gli spazi espositivi, gli uffici e le zone di lavoro e studio si integrano con l'ambiente naturale, il quartiere, la città. Seppure molto differenziate fra loro, le soluzioni compositive proposte – impennate di vetro, pareti vegetali, schermature frangisole orientabili, volumi sporgenti, strutture sospese, facciate continue – definiscono nell'insieme un organismo architettonico-paesaggistico coerente e di forte impatto emozionale. Una struttura innovativa che utilizza il linguaggio della tecnologia interpretandolo attraverso una visione poetica. Lo stesso approccio progettuale caratterizza l'arredo dei blocchi destinati agli uffici, orientato ad assicurare flessibilità compositiva, elevate prestazioni tecniche, comfort e qualità ambientale.

A quiet understanding

Renzo Piano

For some time now—perhaps since the middle of the 1980s when we first started researching the idea of the *mur mince*, the thin wall—a style of collaboration has developed between Piero Molteni and me based on silences. Our companionship dates back so far that I don't even remember when it started. Certainly in the last century sometime, but I'm not sure when, and for me this is reassuring, because the complicity I enjoy with Piero the engineer has always seemed so normal to me that I forgot its origins—like when you don't know where a stream comes from, but nonetheless it's always active and always carries with it something new.

Our relationship is not the usual one between designer and manufacturer. It is an understanding born of a desire to experiment and to create worthwhile products, starting from hypotheses, as in the case of the thin partition wall. It continued over the years sustained by concrete opportunities, as for instance the headquarters of the *Il Sole 24 Ore* newspaper in Milan, where we designed all of the interior partitions together, in particular the meeting room in the center of the newsroom, completely enclosed in glass. We conducted our experiments based on reflections on the nature of space and its immaterial qualities—sound, for example, and light—and Piero was always willing to go forward, each time accepting the challenge in his usual, laconic manner.

Thus, he accompanied me on my adventures with *The New York Times* building as well as on another extraordinary project in New York, at Columbia University: the Center for Mind Brain Behavior. For this building we put a lot of effort into designing the glass partitions, making them so thin they seem fragile—even though they aren't—and with doors that open properly. The wall and the door are two constant obsessions that are directly tied to lightness, a quality that to me carries a pragmatic and not just poetic value. The thin wall is more beautiful because it is more practical: it takes up less space and allows you to create an internal spatiality by freely composing multiple floors.

Un'intesa silenziosa

Renzo Piano

Da molto tempo – forse dalla metà degli anni ottanta, con le prime ricerche sull'idea del *mur mince*, il muro sottile – si è stabilita tra me e Piero Molteni una collaborazione fatta di silenzi: la nostra è una compagnia che viene da lontano, al punto che non ricordo nemmeno quando è cominciata. Certo nel secolo scorso, ma non so quando: e questo è per me rassicurante, perché la complicità con l'ingegner Piero mi è sempre sembrata così normale da farmene dimenticare le origini, proprio come quei ruscelli che non sai mai bene da dove vengono e tuttavia si mantengono attivi e portatori di novità.

Il nostro non è il classico rapporto tra designer e produttore: è un'intesa nata dalla volontà di sperimentare e fare bene, come per il caso del muro sottile, basata su ipotesi e poi proseguita lentamente in occasioni concrete di lavoro, come quella della sede del "Sole 24 Ore" a Milano, dove insieme facemmo il disegno di tutte le pareti interne e, soprattutto, la gabbia di vetro al centro della redazione per le riunioni dei gruppi di lavoro. Una sperimentazione nata da una riflessione sullo spazio e sulle sue qualità immateriali – il suono ad esempio, e la luce – davanti alla quale Piero Molteni non si è mai tirato indietro, ogni volta accettando la sfida, nella sua solita, laconica, maniera.

Così mi ha accompagnato nell'avventura del "New York Times" e, sempre a New York, in quella straordinaria della Columbia University: nel Mind Brain Behaviour abbiamo disegnato a lungo delle pareti che hanno la sottigliezza delle cose fragili, senza esserlo però, con le porte che si aprono nella maniera giusta. Il muro e la porta sono due ossessioni costanti che si legano alla leggerezza, che per me ha una forte valenza pragmatica e non solo poetica. La parete sottile è più bella, perché più giusta nell'uso: consuma meno spazio e ti permette di realizzare una spazialità interna attraverso il libero sovrapporsi di piani multipli.

Jerome L. Greene Science Center Columbia University

New York, 2017

Architectural project and interior design
Progetto architettonico e d'interni
Renzo Piano Building Workshop
with / con
Davis Brody Bond
Body-Lawson Associates

The master plan of Columbia University's Manhattanville Campus in New York, developed by RPBW and SOM, includes the Jerome L. Greene Science Center (an interdisciplinary neurosciences research center) and an art school, which will be joined by an exhibition gallery, conference venues, a 150-seat theater, and flexible areas for performances of various types. The building is characterized by strong technological connotations and special attention to sustainability, by which it earned the LEED Platinum certification. It is subdivided into four quadrants of varying heights that house the offices, laboratories, and a number of multifunctional spaces. Open and permeable toward the surrounding community, the building features an innovative spatial organization conceived to favor interaction, idea-sharing and problem-solving between professors, researchers, and students. Glazed partition elements delineate the large meeting rooms, the interactive spaces that overlook the central area, the offices and task areas, and the research laboratories along the facades around the perimeter of the building.

The thin wall means diminishing the mass of the wall. Even by just a few centimeters, multiplied by the number of partitions that work environments like these need, it adds up to a significant amount that makes all the difference. The wall is like a theorem that carries many corollaries: if you make the solid part of a partition thick, then it makes no sense to make the transparent part thinner. A continuity has to be created between the two, and the weak point is always at the joint that connects one panel to another. In fact, you must prevent noise transmission, and if the glass is thick enough for sound insulation, the joint has to perform just as well. And then, for an average length of, say, 3 meters, you have to make sure that the whole partition doesn't vibrate when you close the door.

In the silence of a complicity based on just a few but appropriate words, the artisan and the manufacturer find common ground: with Piero we talk about weight, mass, and sound, and he has always supported us in the shared conviction that to reach a certain level of beauty (quality), you have to go to the wellhead of physical reality.

Ours is a relationship without proclamations, in which every word has its weight because it contains both modesty and respect. My brother used to say that you need to take the proper amount of time if you don't want to make a bad impression. That sounds like something that Piero might have said. Once, in Malta, when we were discussing the design of the Parliamentary Hall, I presented engineer Molteni to Malta's prime minister, and when the latter asked him what he did, Piero answered: "I make cabinet doors."

It immediately made me think of my great master, Jean Prouvé, who said about himself: "I'm just a tinsmith."

La parete sottile significa diminuire la massa del muro: anche pochi centimetri, moltiplicati per il numero di divisori che servono in ambienti di lavoro come questi, fanno la differenza. Il muro è come un teorema che si porta appresso tanti corollari: se fai la parte opaca spessa non ha senso che quella trasparente sia più sottile. Tra le due deve realizzarsi una continuità e il punto debole è sempre nel giunto che connette un pannello all'altro: bisogna infatti impedire la trasmissione dei rumori, e se il vetro spesso ha una massa sufficiente a isolare, il giunto deve essere ugualmente performante. Poi, su una portata media di 3 metri, bisogna far sì che, quando una porta si chiude, non vibri tutto.

Nel silenzio di una complicità fatta di poche ma appropriate parole, artigiano e costruttore si avvicinano, perché con Piero parliamo di peso, di massa, di suono. In lui ho sempre trovato un appoggio, nella comune convinzione che per arrivare a un certo risultato di bellezza (qualità) bisogna andare alla sorgente della realtà fisica.

Il nostro è un rapporto senza proclami, dove ogni parola ha un peso perché dentro c'è sia pudore sia timore. Per non fare brutta figura bisogna metterci il tempo giusto, diceva mio fratello: una frase che starebbe bene anche in bocca a Piero. Una volta a Malta, mentre discutevamo sui disegni dell'aula del Parlamento, ho presentato l'ingegner Molteni al Primo Ministro e quando questo gli ha chiesto cosa facesse, lui ha risposto: "Faccio antine".

Mi è subito venuto in mente il mio grande maestro, Jean Prouvé, che diceva di sé: "Sono solo un lattoniere".

Il masterplan del Manhattanville Campus a New York, il nuovo complesso della Columbia University sviluppato da RPBW e SOM, include il Jerome L. Greene Science Center, istituto di ricerca interdisciplinare sulle neuroscienze, e una scuola d'arte, a cui si affiancheranno una galleria espositiva, spazi per conferenze, un teatro da 150 posti e aree flessibili per performance di vario tipo. Caratterizzato da una forte connotazione tecnologica e da un'attenzione particolare alla sostenibilità (ha conseguito la certificazione LEED Platinum), l'edificio è diviso in quattro quadranti di differenti altezze che accolgono gli uffici, i laboratori e numerosi spazi multifunzionali. Aperto e permeabile verso la comunità cittadina, evidenzia un'organizzazione spaziale innovativa, pensata per favorire l'interazione, la condivisione e la collaborazione fra docenti, ricercatori e studenti. Il layout è disegnato da elementi di partizione vetrati che suddividono sia le grandi sale riunioni e gli spazi interattivi affacciati sull'area centrale, sia gli uffici, le zone operative e i laboratori di ricerca posizionati nelle fasce perimetrali.

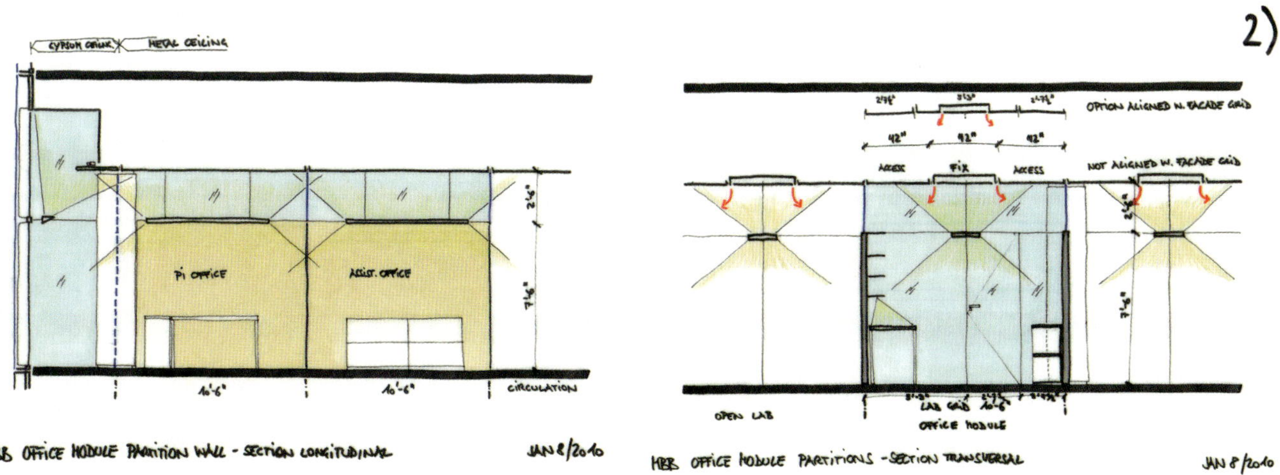

Interior and designs (2010) of the office module of the Jerome L. Greene Science Center, Columbia University, design Renzo Piano Building Workshop, completed in 2017.

Interni e disegni (2010) del modulo ufficio del Jerome L. Greene Science Center, Columbia University, design Renzo Piano Building Workshop, ultimato nel 2017.

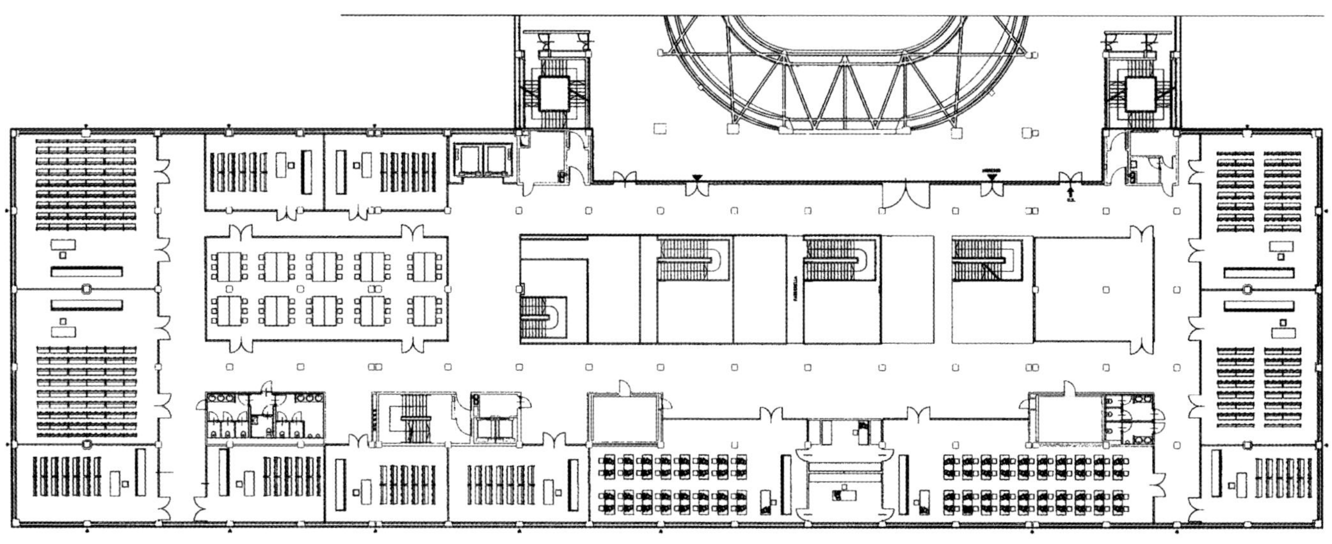

Centro Polifunzionale del Lingotto

Torino, 2001

Architectural project and interior design
Progetto architettonico e d'interni
Renzo Piano Building Workshop

The project is part of a complex of operations aimed at the functional retrieval of the Lingotto industrial area that has already seen, in its first two phases, the creation of a Fair Center and an Executive Service Center. The new university installation, dedicated to training, experimentation and research in the automobile sector, features a series of laboratories and wide teaching spaces that overlook a large, empty, high-stepped central area, naturally lighted by a roof in glass and steel. An element that gives the project instant identity is a system of interior partitions, founded on the principle of transparency modulation. A concept that allows the construction of spaces in terms of a fluid relationship between solids and voids, mass and glass. A system defined by an aggregate of components that, in their compositional flexibility, make it possible to give priority to certain perspectives and interpret the specificity of each setting by modulating our perceptions of it, along with its transparencies and more reclusive areas.

Il progetto rientra nel complesso di interventi finalizzati al recupero funzionale dell'area industriale del Lingotto che, nelle prime due fasi, ha già visto la realizzazione di un Centro Fieristico Espositivo e di un Centro Terziario Direzionale. Il nuovo insediamento universitario, dedicato alla formazione, alla sperimentazione e alla ricerca per il settore dell'automobile, si sviluppa con una serie di laboratori e ampi spazi didattici che si affacciano sul grande vuoto centrale a gradoni, illuminato naturalmente da una copertura in vetro e acciaio.

Elemento identificativo dell'intervento è il sistema di partizioni interne, fondato sul principio della modulazione delle trasparenze. Un concetto che consente la costruzione degli spazi come un rapporto mutevole tra vuoti e pieni, tra massa e vetro. Un sistema definito da un insieme di componenti che, nella loro flessibilità compositiva, permettono di privilegiare determinati assi prospettici e interpretare le peculiarità di ogni ambiente modulandone percezioni, trasparenze e reticenze.

Interior views with details of the staircases and teaching space of the Centro Polifunzionale del Lingotto, design Renzo Piano Building Workshop, 2001.

Interni con particolari delle scale e delle aule del Centro Polifunzionale del Lingotto, design Renzo Piano Building Workshop, 2001.

The New York Times

New York, 2007

Architectural project / Progetto architettonico
Renzo Piano Building Workshop

Interior design / Progetto d'interni
Gensler

With its innovative solutions in terms of form, technology, energy, and building type, *The New York Times* building is an extremely interesting work of architecture, conceived according to the principles of lightness, transparency, and sustainability. Designed to become an integral part of the surrounding urban context, the building opens its activities to the city, interpreting transparency as a metaphor on the nature of information. The building consists of the 52-floor main tower and a lower volume that contains the newsroom, which is the operational heart of the entire structure.

Conceived as a sort of agora, free of partitions, the newsroom was designed to facilitate the work, interaction and *esprit de corps* of the journalists. At the street level, the building is permeable, with grouped collective functions open to passers-by. Aimed at providing maximum flexibility, the distribution layout of the various floors and the furnishing solutions for the open-space workstations, offices, conference rooms, and lounge areas come together to create a rational, flexible, and comfortable workplace, structured in a non-hierarchical manner.

Caratterizzato da soluzioni innovative a livello formale, tecnologico, energetico e tipologico, il grattacielo del "New York Times" è un complesso di notevole interesse architettonico, concepito secondo principi di leggerezza, trasparenza e sostenibilità. Pensato come parte integrante della vita urbana, l'edificio condivide con la città ogni sua attività, interpretando la trasparenza come metafora della natura dell'informazione. La costruzione è costituita dalla torre principale di 52 piani e da un corpo più basso dove si trova la newsroom, il cuore operativo del grattacielo. Una sorta di agorà priva di partizioni e studiata per facilitare il lavoro, la relazione e lo spirito di gruppo dei giornalisti. Alla quota della strada, la struttura risulta permeabile aggregando funzioni collettive aperte ai passanti. Orientato alla massima flessibilità, il layout distributivo ai vari piani e le soluzioni di arredo adottate per le postazioni a spazio aperto, gli uffici, le sale riunione e le zone relax disegnano un ambiente di lavoro razionale, flessibile e confortevole, strutturato in maniera non gerarchica.

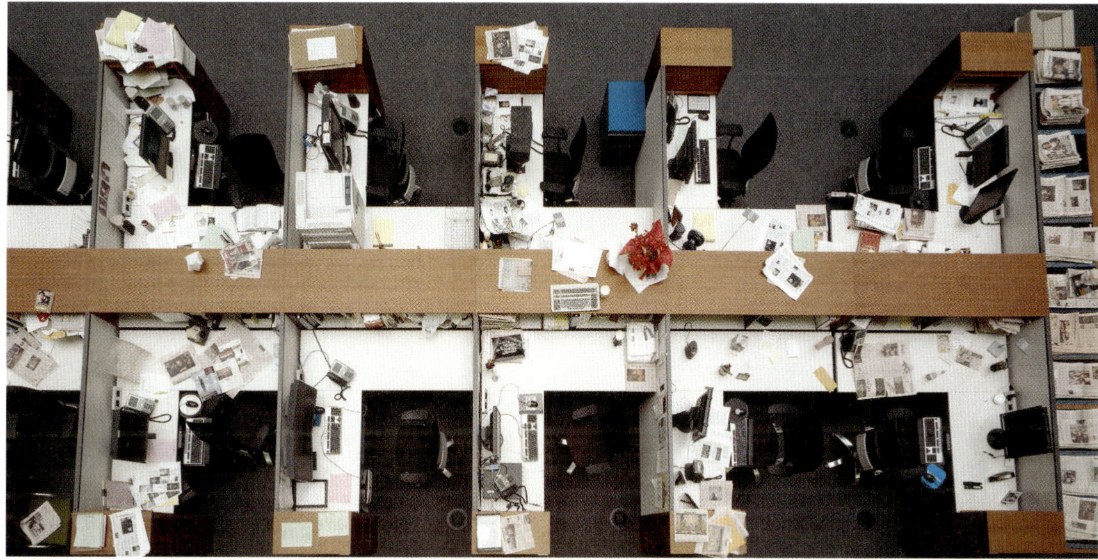

Interior views of *The New York Times* headquarters, design Renzo Piano Building Workshop, New York, 2007.

Interni della sede del "New York Times", design Renzo Piano Building Workshop, New York, 2007.

Malta New Parliament

La Valletta, 2015

Architectural project and interior design
Progetto architettonico e d'interni
Renzo Piano Building Workshop

Partner in charge
Antonio Belvedere

Situated on the northeast coast of the island of Malta, Valletta has preserved its centuries-old character of fortified city. A World Heritage Site, it has recently been the object of a complex redevelopment project, with the construction of the new Parliament building, the restoration from ruins of the adjacent Opera House, now transformed into an open-air theater, and of the city gate, which has been reinterpreted as a breach in the original city walls. The new Parliament House takes the form of two compact blocks on pilotis and makes elegant use of local stone for both the exterior cladding and interior surfaces. Original stone brise-soleil modules are carefully integrated into the fabric of the façades. They were designed taking into account the inclination of the sun's rays and carry out an important role in modulating heat and light penetration, thereby significantly contributing to the climate control of the building. The project for the interiors, oriented in the direction of lightness of form and simplification, defines an exclusive, functional and welcoming environment.

Situata sulla costa settentrionale dell'isola di Malta, La Valletta ha conservato nel tempo l'aspetto di una fortezza. Il sito, Patrimonio dell'Umanità, è stato oggetto di un complesso intervento di riqualificazione urbana e riordino architettonico con la realizzazione del nuovo Parlamento maltese, il recupero dei ruderi dell'adiacente Opera House, trasformata in teatro all'aperto, e della porta della città, reinterpretata come una sorta di breccia nel muro di cinta. Costituito da due blocchi compatti posti su pilotis, il nuovo Parlamento si caratterizza per l'innovativo impiego della pietra locale, elegantemente utilizzata per l'involucro e i rivestimenti interni. Integrati nella tessitura dei fronti e progettati secondo l'inclinazione dei raggi solari, gli originali moduli litici brise-soleil svolgono un importane ruolo attivo nella modulazione della luce che penetra all'interno, contribuendo in modo significativo al controllo climatico. Orientato alla leggerezza formale e alla semplificazione, il progetto degli interni definisce un luogo esclusivo, funzionale e confortevole.

Luca Meda, Aldo Rossi

Daniele Vitale

Luca Meda was a very special guy, both charming and generous. I always thought of him as a *scapigliato*, that is, an heir to a certain class of Milanese who had no patience for conventions and orderly living. He was a nonconformist and an erratic, caught up in a net of social obligations, but all this tended to fade behind the immediacy and liveliness of his character. He was a talented and very quick designer who worked almost exclusively by means of sketches, his tools consisting of ballpoint pens, felt-tips, Pantones for coloring, and occasionally pencils. His drawings were playful, but when it came time to create a concrete piece of furniture, suddenly his lines became precise, with a wealth of indications and details.

It was Meda who brought Aldo Rossi first to Molteni and then to UniFor. He did this out of friendship, affinity, and admiration, renewing a relationship that had started years earlier when they worked at the same firm, on Corso di Porta Vigentina in Milan. Rossi and Meda's approach to furniture design is eccentric and anomalous: not based on artisanal and formal refinement nor on technical perfection sublimated by design, it rather rests on an idea of furniture as architecture, by contamination and by extension.

Architecture has always played on differences in scale, with dimensional changes converting things into other things. If utilitarian objects are a form of architecture on a small scale, in Rossi's drawings the contrary is true, with the jug, the bottle, and the coffee pot morphing into skyscrapers and towers. The house is a box. The old-fashioned wardrobe stole the cornices and decorations from the palace; the new one steals the windows from Rossi's projects. In Luca's mind, a bookcase with a glass front is a steamship, and thus, in both his drawings and displays, it takes not only its name, *Piroscafo*, but also its chimneys. Furniture was no longer the realm of the industrial designer and buildings that of the architect: the industrial designer had become an architect of objects.

Luca Meda era un personaggio particolare, di grande simpatia e umanità. Ho sempre pensato che fosse uno "scapigliato", erede dei comportamenti di quella parte di borghesia milanese insofferente delle convenzioni e del vivere ordinato. Era un anticonformista e un irregolare impigliato nella rete degli obblighi sociali, ma sommergeva tutto nell'immediatezza e nella vivacità del tratto. Era un grande e rapidissimo disegnatore e il disegno era quasi solo schizzo, basato su strumenti come la biro, i pennarelli, i pantone per colorare, qualche volta la matita. Gli schizzi erano un gioco, ma quando arrivava il momento di rendere il mobile concreto, diventavano di colpo precisi, con ricchezza di indicazioni e di dettagli.

È Meda a portare Aldo Rossi in Molteni prima e alla UniFor poi. Lo fa per amicizia, consonanza e ammirazione, riannodando un rapporto iniziato anni prima in uno studio comune, in corso di Porta Vigentina a Milano. Rossi e Meda portano nei mobili un immaginario anomalo: non quello della raffinatezza artigianale e formale, o quello di una perfezione tecnica che il design sublima, ma un'idea dell'arredamento come architettura, per contaminazione ed estensione.

L'architettura gioca da sempre sul grande e sul piccolo e la dimensione converte le cose in altre. Gli oggetti d'uso sono architetture di dimensioni ridotte, ma nei disegni di Rossi la brocca, la bottiglia e la caffettiera diventano grattacieli e torri. La casa è una scatola. Il vecchio armadio rubava al palazzo le cornici e i decori; quello nuovo ruba ai progetti di Rossi le finestre. Nella mente di Luca, un mobile componibile vetrato diventa un piroscafo e nelle esposizioni e nei disegni ne prende non solo il nome ma anche i camini. Fatto sta che i mobili non erano competenza deldesigner e gli edifici dell'architetto, ma il designer si convertiva in architetto.

Bonnefantenmuseum

Maastricht, 1994

Architectural project and interior design
Progetto architettonico e d'interni
Aldo Rossi
with/con
Umberto Barbieri, Giovanni da Pozzo, Marc Kocher

Located on the eastern side of the Meuse river, opposite Maastricht's old town, the Bonnefantenmuseum is part of a program for the regeneration of the Céramique industrial area, within which it plays an important role of redefinition of both the water front and the urban front. The perfect expression and final synthesis of the research carried out by Aldo Rossi on the role of public buildings, the project fully embodies the notion of museums as true urban places. The orderly layout of the complex is comprised of symmetrical galleries that form a compact system around a central body, which houses the foyer, the staircase and the rotunda. Constructed with traditional materials—including brick, stone, and zinc—around a cement and steel frame, the building uses natural light as part of the overall composition, assigning it a key role in the definition of the internal space, together with the clean-cut minimal design of the furnishings, which were partly designed by Aldo Rossi specifically for this project and then made as standard products by UniFor.

Meda and Rossi do not share similar paths. After Meda interrupted his studies at the Brera art school, his worried father, on the advice of Ernesto Rogers, sent him to study in Germany at the Hochschule für Gestaltung in Ulm, a college of building and industrial design and graphic arts that was closely linked to the historic European avant-garde movements. He stayed for only one academic year, until 1958, but the experience did mark him. There he made friends and formed relationships, but he also developed the idea of an overlap between graphic forms, page layout, and architecture. While Meda has retained a purist and formalist vein, Rossi, after his early years, abandoned the stereometric forms and absoluteness of the first competition projects he worked on with Meda, one for an office building in Turin and one for a monument in Cuneo. Their differences are evident but dissolve in the friendship and work that bring them together.

The furniture designed by Rossi for UniFor—the *Parigi* armchair (1989), the *Consiglio* table (1994), and the *Cartesio* modular system (1994)—present a rather unusual idea of the office environment. It is as if the workplace had lost its recent history and identity and had become confused with ideas and forms belonging to a distant past. The table and cabinet are certainly based on a modern structure and technique, but their face is traditional in form and made of wood. *Piroscafo*, the cabinet designed by Meda with Rossi (1991) and manufactured by Molteni&C, features a facade with exposed metal profiles forming a grid of squares, each subdivided by a cross. *Cartesio* is based on a similar scheme but it is wooden on the outside and its appearance is different, much more massive. The *Consiglio* table is also massive, with square-sectioned legs and tabletop with high sides. They are imaginary buildings. The *Parigi* armchair is something of a counterpoint that recalls the curved metal profiles of modern chairs, perhaps Mies's *Barcelona* (1929).

The modular wall and furniture systems Meda designed for UniFor (*Progetto 25*, *Misura*, *P4*) can be composed in geometric patterns and in a flexible manner. The modularity of Rossi's furnishing systems consists in grouping together the box-like elements and the doors that close them.

Luca Meda never completed his formal training as an industrial designer, but he learned from his experience working in Marco Zanuso's studio and continued to learn directly from the artisans and technical staff. Aldo Rossi, on the other hand, often alluded to the ideal of the engineer-architect, but actually, the marvelous world he imagined and depicted was invariably implemented by others.

La storia di Meda e di Rossi non è uguale. Meda non aveva concluso le scuole e aveva interrotto la frequenza al liceo artistico di Brera. Viene mandato da un padre preoccupato, su consiglio di Ernesto Rogers, alla scuola di Ulm in Germania, la Hochschule für Gestaltung, un istituto superiore di progettazione, disegno industriale e grafica legato alla storia delle avanguardie europee. Vi sta per un tempo breve e per un solo anno scolastico, il 1958, ma ne rimane segnato. Ne trae rapporti e amicizie ma anche l'idea di una sovrapposizione tra forma grafica, impaginato e architettura. Meda conserva una vena purista e formalista, Rossi dopo il suo primo periodo no. Rossi abbandona la stereometria e l'assolutezza dei primi progetti di concorso con Meda, quelli per il centro direzionale di Torino o per il monumento di Cuneo; Meda vi rimane legato. Le differenze si riconoscono e si perdono dentro l'amicizia e il lavoro che accomuna.

I mobili che Rossi progetta per UniFor, la poltroncina *Parigi* (1989), il tavolo *Consiglio* (1994), il mobile componibile *Cartesio* (1994), propongono una strana idea dell'ufficio. È come se il luogo di lavoro avesse smarrito la propria storia recente e la propria identità e si confondesse con un'idea e una forma remota. Il tavolo e il mobile si basano su una struttura e una tecnica moderne, ma il volto è tradizionale e in legno. *Piroscafo*, l'armadiatura di Molteni&C, progettata da Meda con Rossi (1991), aveva una facciata con profili metallici esibiti e si basava su una maglia di quadrati divisi all'interno da una croce. *Cartesio* si basa su uno schema analogo, ma è esteriormente in legno e l'immagine è diversa e più massiccia. Massiccio è anche il tavolo *Consiglio*, di gambe a sezione quadrata e con bordi laterali alti. Sono edifici immaginati. La poltrona *Parigi* è un controcanto e rimanda ai profili curvi in metallo di sedie moderne, forse la *Barcelona* di Mies (1929).

I sistemi di parete e di arredamento progettati per UniFor da Meda (*Progetto 25*, *Misura*, *P4*) sono componibili in modo modulare e flessibile, per scansioni geometriche. Quelli di Rossi lo sono aggregando elementi scatolari e le ante che li chiudono.

Luca Meda non aveva una formazione al mestiere regolare e salda, ma aveva imparato dall'esperienza nello studio di Marco Zanuso e ha continuato a imparare in modo diretto da artigiani e operai. Aldo Rossi si richiamava al mito dell'architetto tecnico e ingegnere: ma il suo era un mondo meravigliosamente figurato e disegnato, che qualcun altro realizzava.

Aldo Rossi with Umberto Barbieri, Giovanni da Pozzo, and Marc Kocher, exterior view of the Bonnefantenmuseum, Maastricht, 1994.

Aldo Rossi con Umberto Barbieri, Giovanni da Pozzo e Marc Kocher, esterni del Bonnefantenmuseum, Maastricht, 1994.

Situato sulla riva orientale della Mosa, di fronte al centro storico di Maastricht, il Bonnefantenmuseum è parte integrante del piano di recupero dell'area industriale Céramique, svolgendo un importante ruolo di definizione sia del lungofiume sia del fronte urbano. Opera esemplare e alta sintesi del lavoro di ricerca condotto da Aldo Rossi sul tema dell'edificio pubblico, il progetto esprime compiutamente il concetto di museo inteso come luogo urbano. Il complesso si sviluppa ordinatamente in pianta con le gallerie simmetricamente composte in un sistema compatto attorno al blocco centrale, in cui si organizzano l'atrio, lo scalone e la rotonda. Costruito con materiali tradizionali come mattoni, pietra e zinco intorno a uno scheletro di cemento e acciaio, l'edificio è caratterizzato dall'uso compositivo della luce naturale, protagonista assoluta dello spazio interno insieme al rigore e all'essenzialità degli arredi, in parte espressamente disegnati da Aldo Rossi per questo intervento e successivamente prodotti in serie da UniFor.

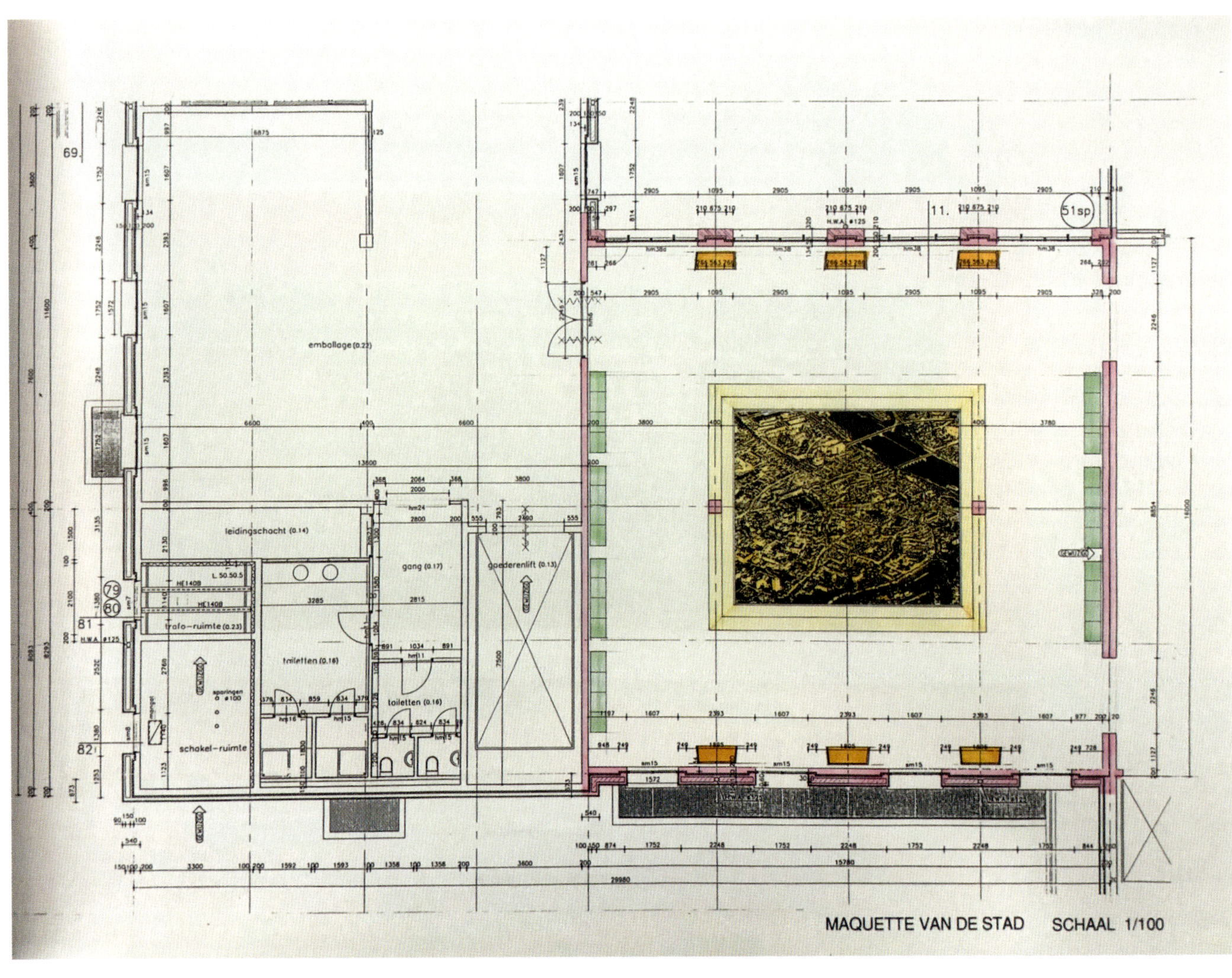

Aldo Rossi, plans on scale of 1:100, Bonnefantenmuseum, Maastricht, 1994.

Aldo Rossi, pianta in scala 1:100, Bonnefantenmuseum, Maastricht, 1994.

Aldo Rossi with Umberto Barbieri, Giovanni da Pozzo, and Marc Kocher, interior with the *Cartesio* bookcases in the background and the *Museo* chairs, Bonnefantenmuseum, Maastricht, 1994.

Aldo Rossi con Umberto Barbieri, Giovanni da Pozzo e Marc Kocher, interno con le librerie *Cartesio* sullo sfondo e le sedute *Museo*, Bonnefantenmuseum, Maastricht, 1994.

Aldo Rossi with Umberto Barbieri, Giovanni da Pozzo, and Marc Kocher, the cafeteria, Bonnefantenmuseum, Maastricht, 1994.

Aldo Rossi con Umberto Barbieri, Giovanni da Pozzo e Marc Kocher, la cafeteria, Bonnefantenmuseum, Maastricht, 1994.

Aldo Rossi with Umberto Barbieri, Giovanni da Pozzo, and Marc Kocher, interior views with the *Cartesio* bookcases and the *Consiglio* table, Bonnefantenmuseum, Maastricht, 1994.

Aldo Rossi con Umberto Barbieri, Giovanni da Pozzo e Marc Kocher, interni con le librerie *Cartesio* e il tavolo *Consiglio*, Bonnefantenmuseum, Maastricht, 1994.

Architecture as destiny

Il destino dell'architettura

Herzog & de Meuron, Fondazione Giangiacomo Feltrinelli, exterior, Milan, 2016.

Herzog & de Meuron, Fondazione Giangiacomo Feltrinelli, esterno, Milano, 2016.

Architecture as destiny

The year 1975 was decisive for the new company in Turate: wrapped in the myth of a memory that is still handed down from one generation to the next, it is remembered as the turning point, the beginning of the flight from the hinterland of Lombardy to international markets. Even to the Mecca of the office landscape: the United States, the country that in the early twentieth century set modernity in motion exporting to the world the idea of series production and the prototype of the rational workplace.

It was a competition for the supply of desks (two thousand, someone remembers) and drawers and storage cabinets for the IBM headquarters in Mount Pleasant, New York, designed by Edward Larrabee Barnes and furnished throughout with what was then UniFor's flagship product, the *Modulo3*.

It was an important order. IBM was the benchmark in the office world for quantity and for speed of change and rotation of its equipment. This gave the new furnishing company a considerable amount of responsibility, but also made it immediately aware of its ability to compete. The American dream gave wings to the Italian dream of doing well, of not only succeeding, but of succeeding on a large scale. The tendering method was unusual, and perhaps unheard of in Italy: every four years IBM renewed its interiors in order to stay up-to-date according to its high standards of excellence; however, the company also constantly changed its purchasing policies, so nothing was ever guaranteed, neither products nor suppliers.

You had to stay ready, primed, and on the edge of innovation; you had to feel the urge to experiment, to foster relationships with the architects responsible for the space, you had to inspire the designers, encouraging them to invent, day by day, the near future.

Il destino dell'architettura

Il 1975 fu, per la nuova azienda di Turate, un anno determinante: una data importante, avvolta nel mito di una memoria che ancora si tramanda da una generazione all'altra, come il punto di svolta, l'inizio del volo dalla provincia lombarda ai mercati internazionali. Addirittura alla Mecca dell'office landscape: gli Stati Uniti, il paese che avviò nel Novecento le lancette del tempo moderno, esportando nel mondo il modello della serie e il prototipo dell'ufficio razionale.

Un concorso per la fornitura di scrivanie (duemila, ricorda qualcuno), di cassetti e di armadi contenitori per gli headquarters della IBM a Mount Pleasant, nello stato di New York, disegnati da Edward Larrabee Barnes e arredati da capo a piedi con l'allora prodotto di punta UniFor, *Modulo3*.

Una commessa importante – l'IBM era il punto di riferimento nel mondo dell'ufficio per quantità, velocità nel cambiamento e rotazione degli arredi – che mette la giovane azienda davanti a una grande responsabilità, ma la rende anche immediatamente consapevole delle proprie capacità concorrenziali. Il sogno americano dà le ali al sogno italiano di far bene, di far grande, di fare su larga scala. Il metodo d'appalto era particolare, se non inedito in Italia: ogni quattro anni si rinnovava l'attrezzatura per mantenerne la modernità secondo gli standard richiesti dall'eccellenza; ma cambiavano anche le politiche d'acquisto, e non c'era nulla di garantito, né prodotti né fornitori.

Bisognava essere pronti, essere allenati, per tenersi sulla corda dell'innovazione, per avvertire i sintomi e gli stimoli a sperimentare, a stringere alleanze con gli architetti responsabili dello spazio, a stimolare i designer spronandoli a inventare, di giorno in giorno, il prossimo futuro.

The large expanses of the open-space offices as well as the very exclusive environments of top management were the training grounds where the first and fundamental lesson was learned: the furniture follows the architecture, the manufacturer follows the designer. He makes the furnishings, of course, but he is also the silent ally, the man who is always one step behind the charisma of the creator and at the same time he is the hidden artificer who give legs to ideas, support to the imagination, and structure to the vision.

Since then, the strategy of allying with the architect became the prevailing approach, indeed the very rule that characterized a furniture company that had found itself working with one of the world's outstanding corporations: on the heels of the IBM headquarters in the US, the commissions began to arrive, one after another, from IBM England and, soon after, from its branches throughout Europe, wherever modern towers dominated the metropolitan skylines. The Pascal and Descartes Towers in La Défense neighborhood of Paris, first of all, during the 1980s, which launched UniFor's collaboration with Fernando Urquijo, the Argentinean architect who trained at the school of Eliot Noyes and Gino Valle, the head of the architecture program at IBM Europe.

From there on out, the road was clearly marked: it was not an easy road, because you have to put yourself out there every time, but crowned with great successes, and enlivened by the *parterre de rois* of the world's most interesting architects.

A building is usually assessed for its aesthetic and spatial values, but the notion of space as it is advertised in books and magazines corresponds to the ideal of empty void, almost as though the presence of future inhabitants could only compromise its purity by attenuating its impact.

Due to an ancient prejudice, the project for the functional fit-out of spaces has always remained in a neutral background, or at least secondary in importance: a necessary nuisance, but totally irrelevant to the evaluation of the work. With the examples illustrated on the following pages, we aim not only to dispel this notion, but also to highlight how the design of the furnishings should be considered to all effects, as suggested by Le Corbusier, a *prolongement du logis*, consistent with the typological innovations proposed by the architecture.

I grandi spazi dell'open space, ma anche gli ambienti più esclusivi del top management, furono la palestra che insegnò la prima e fondamentale lezione: l'arredo segue l'architettura, il produttore sta a fianco del progettista. Ne diventa l'esecutore, ovviamente, ma anche l'alleato silenzioso: quello che sta sempre un passo dietro al carisma del creatore, ma è allo stesso tempo il demiurgo nascosto che fornisce gambe alle idee, supporti solidi all'immaginazione, struttura portante alla visione.

Da allora la scelta di allearsi all'architetto è diventata una regola di comportamento, anzi la regola che caratterizza un profilo industriale consegnato a un carnet di eccellenze con pochi pari: a catena, dopo la casa madre americana, le filiali IBM in Inghilterra e, subito dopo, nel resto d'Europa, là dove torri moderne prendevano il comando degli skyline metropolitani. Le Torri Pascal e Descartes alla Défense di Parigi, innanzitutto, durante gli anni ottanta, che introducono alla collaborazione con l'architetto Fernando Urquijo, l'argentino formato alla scuola di Eliot Noyes e di Gino Valle, responsabile del programma architettura di IBM Europa.

Da allora in avanti la strada è segnata: non facile – perché ogni volta ci si deve mettere in gioco – ma coronata da grandi successi, confortata dal *parterre de rois* dei più interessanti protagonisti dell'architettura mondiale.

Abitualmente si valuta un edificio per i suoi valori estetici e spaziali: ma la nozione di spazio pubblicizzata nei libri e nelle riviste si traduce nell'ideale di ambienti vuoti, quasi che la presenza dei futuri abitanti possa solo comprometterne la purezza e attutirne l'impatto.

Per un pregiudizio di antica data, il progetto dell'allestimento funzionale degli spazi rimane sempre su uno sfondo neutro, o perlomeno di secondaria importanza: un fastidio necessario all'uso, ma ininfluente sulla valutazione dell'opera. I casi che si illustrano nelle pagine a seguire vogliono non solo sfatare questo destino, ma anche mettere in evidenza come il disegno dell'attrezzatura debba essere considerato a tutti gli effetti – come suggeriva Le Corbusier – *un prolongement du logis*, in coerenza con le innovazioni tipologiche proposte dall'architettura.

Fondazione Giangiacomo Feltrinelli

Milano, 2016

Architectural project and interior design
Progetto architettonico e d'interni
Herzog & de Meuron

in collaboration with/in collaborazione con
Coima Image

The Feltrinelli Porta Volta complex plays an important role in a strategic area of Milan that has been involved in a far-reaching process of urban regeneration in recent years. The twin buildings that host the Fondazione Giangiacomo Feltrinelli and the offices of Microsoft Italia were inspired by the simplicity and impressive scale of Milan's historic built landscape. The architectural language of the long, narrow building consists of elements based on simple geometries, the modular repetition of structural components, and transparency. The Fondazione Feltrinelli building extends over five levels, with the reception area, library, and coffee bar on the lower floors, a conference hall on the second floor, offices and meeting rooms on the third and fourth, a reading room on the fifth floor below the sharp peak of the roof, and archives in the basement. For this important project, UniFor provided the furnishings and partition systems for the three upper floors, including both series products and custom works conceived specifically for these spaces by Herzog & de Meuron in collaboration with Coima Image. In particular, the two floors devoted to offices are defined by full-height partition walls adapted to the project specifications, with structure in natural-finish aluminum fixed at the ceiling and glazed paneling inserted in guides concealed in the raised flooring.

Il complesso Feltrinelli Porta Volta svolge un ruolo determinante nell'ambito del più ampio processo di riqualificazione urbana che negli ultimi anni ha interessato questa zona strategica di Milano. Gli edifici gemelli della Fondazione Giangiacomo Feltrinelli e degli uffici di Microsoft Italia propongono un impianto ritmico e lineare che si caratterizza per il tetto a cuspide perfettamente integrato alla facciata. Geometrie elementari, ripetizione modulare delle componenti strutturali e trasparenza sono gli elementi compositivi che identificano il manufatto architettonico. La sede della Fondazione si sviluppa su cinque piani con reception, libreria e caffetteria ai primi livelli, sala polifunzionale e per attività convegnistiche al secondo piano, uffici e sale riunioni al terzo e quarto, sala di lettura nella cuspide del quinto, mentre il piano interrato accoglie l'archivio. Per questo importante intervento, UniFor ha fornito gli arredi e i sistemi di partizione dei tre piani superiori con prodotti di serie e con elementi eseguiti specificamente per questo progetto su disegno dello studio Herzog & de Meuron in collaborazione con Coima Image. In particolare, i due piani destinati agli uffici sono suddivisi da pareti a tutta altezza adattate alle esigenze specifiche del progetto, con struttura in alluminio naturale fissata a soffitto e pannellature vetrate inserite a scomparsa a pavimento.

Qatar National Library

Doha, 2018

Architectural project and interior design
Progetto architettonico e d'interni
OMA – Rem Koolhaas

The Qatar National Library, designed by OMA, is an iconic building with striking architectural forms situated in Education City, the new university district of Doha, which hosts a number of campuses, research institutes and important cultural organizations. Characterized by innovative solutions, the complex is divided into three wings, each of which hosts a different type of library, for a total collection of over one million books. There are also spaces for the preservation of special collections, a library for children and teenagers, a 120-seat auditorium, facilities for individual and group study, multimedia stations, a writing center, and spaces accessorized with a wide variety of creative tools. The interior environment, completely open and flooded with natural light from the wide facades in undulating glass, is defined by the layout of library stacks, which delimit and organize the various areas according to function.

Situata all'interno di Education City, il nuovo distretto universitario di Doha che accoglie diversi campus, istituti di ricerca e importanti strutture culturali, la sede della Qatar National Library, progettata da OMA, è un edificio iconico di grande impatto architettonico. Caratterizzato da soluzioni innovative, il complesso è diviso in tre ali, ognuna delle quali ospita un diverso tipo di biblioteca con un patrimonio totale di oltre un milione di libri. La struttura include anche uno spazio per la conservazione di documenti sensibili, aree specializzate per bambini e adolescenti, un auditorium da 120 posti, zone di studio individuale e di gruppo, laboratori multimediali, un centro di scrittura. Completamente aperto e invaso dalla luce naturale proveniente dalle ampie facciate in vetro ondulato, l'ambiente interno è definito dalla disposizione delle librerie, che disegnano e organizzano le diverse zone funzionali.

McCarthy Tétrault

Vancouver, 2016

Architectural project and interior design
Progetto architettonico e d'interni
Bill Dowzer – BVN Design Architect

The new Vancouver offices of McCarthy Tétrault, an important law firm boasting wide international experience in every legal sector, occupies three floors of a prestigious, centrally-located skyscraper that offers spectacular views of the city. The three floors are linked by internal stairs and feature layouts that are decidedly unconventional for a large legal firm. The hierarchical organization of space has been abandoned in order to foster collaboration, creativity, and productivity. The lawyers' offices, delimited by transparent partition walls, are all of the same size and positioned in the center, in close contact with their assistants. The perimeter is occupied mainly by spaces set aside for meetings, informal gatherings, group and task workspaces, and relaxation zones. The furnishings, materials, finishes and colors complement and highlight the refined simplicity of the spatial design, aimed at creating a pleasant and functional work environment.

La nuova sede a Vancouver di McCarthy Tétrault, importante studio legale che vanta un'ampia esperienza a livello internazionale in ogni settore del diritto, occupa tre piani di un prestigioso grattacielo nel centro urbano, da dove si gode di una spettacolare vista panoramica sulla città. Collegati da scale interne, i tre livelli sono caratterizzati da un layout inconsueto per uno studio legale e decisamente lontano dagli stereotipi. Ogni impostazione gerarchica dello spazio è stata abbandonata per favorire la collaborazione, la creatività e la produttività. Delimitati da pareti trasparenti, gli uffici degli avvocati hanno tutti le stesse dimensioni e sono posizionati nella parte centrale, a stretto contatto con i loro assistenti, mentre le fasce perimetrali sono prevalentemente attrezzate per riunioni, incontri informali, gruppi di condivisione, spazi operativi, zone relax. Arredi, materiali, finiture e colori sottolineano questa organizzazione con scelte progettuali orientate alla definizione di ambienti confortevoli e caratterizzati da una raffinata semplicità.

A building whose character is public and collective—such as a cultural institution, a museum, an office building, a research center, a library, etc.—cannot be separated from the internal "lining" of its furnishings, and in fact the latter's design must be considered an integral part of the architectural project itself.

This is where the industriousness of UniFor comes in: interpreting, together with the designer, the needs of users without betraying, and in fact reinforcing, the character and interpretation of the space. Which is based on creativity and not just execution, because if Renzo Piano, for example, envisages that the office towers of Intesa Sanpaolo in Turin must correspond organically to his well-known propensity for transparency and fluidity, the workstations must also be congruent to that vision. You can't just use pieces from the catalogue, you have to tackle the issue of how to make a large work surface appear suspended, almost as if fluctuating and without floor support. And so you devise a table supported by a single central column, wired and anchored below the raised floor. In this way the furniture goes from being an added object to being part of the structure.

Un edificio di carattere pubblico e collettivo – come un'istituzione culturale, un museo, un palazzo di uffici, un centro di ricerca, una biblioteca ecc. – non può essere disgiunto dalla "fodera" interna dei suoi arredi, il cui disegno, anzi, deve considerarsi parte del progetto integrale dell'architettura stessa.

È in questo spazio che si inserisce l'operosità di UniFor: nell'interpretare, insieme al progettista, le esigenze degli utenti senza tradire – anzi, rafforzando – il carattere dell'interpretazione spaziale. Un campo creativo e non meramente esecutivo: perché se Renzo Piano, ad esempio, immagina che gli uffici della torre torinese di Intesa Sanpaolo debbano corrispondere organicamente alla sua nota propensione per le trasparenze e la fluidità, le postazioni di lavoro devono essere congruenti. Non si possono utilizzare elementi da catalogo: bisogna affrontare il quesito di un piano di grandi dimensioni fluttuante, quasi senza sostegni al suolo. Un tavolo sorretto da un'unica colonna centrale, cablata e ancorata sotto il pavimento sopraelevato, sicché il mobile da sovrastruttura diventa struttura.

Allianz Tower

Milano, 2018

Architectural project
Progetto architettonico
Arata Isozaki & Associates,
Andrea Maffei Architects

Interior design / Progetto d'interni
Allianz – Loredana Francia,
DEGW – Eva Birch, Marco Amosso

The Allianz Tower, the Milanese headquarters of the German insurance group, stands at the center of the CityLife area, contributing significantly to the definition of the city's new urban skyline. The building is characterized by its strikingly slender silhouette and undulating glass facade, articulated in an original composition of modules made from outwardly-curved, triple-glazed structural units. Visually and physically stabilized by four huge gilded buttresses that span diagonally between the ground and the twelfth floor, the tower rises to 50 stories in a seemingly endless succession of rounded forms that create a vibration effect as they go up. Its elegant lightness is accentuated by the long, thin plan that concentrates the vertical circulation, distribution areas, and services at each end, so that the spaces between the two main facades are left completely free. Neatly aligned along the perimeter to take advantage of the natural light, the workstations delineate a rational and comfortable work environment, while the executive offices and enclosed meeting spaces are defined at the center by means of glass partitions with privacy screens in muted patterns.

La Torre Allianz, sede milanese dell'omonimo gruppo assicurativo e finanziario tedesco, si erge al centro dell'area CityLife contribuendo in modo determinante alla definizione del nuovo skyline urbano. L'edificio si caratterizza per la linea snella e rarefatta, interamente vetrata, ritmata da originali moduli di facciata convessi realizzati con cellule strutturali a triplo vetro. Stabilizzata compositivamente e staticamente da quattro enormi puntoni dorati che partono dal piano terreno e salgono fino al dodicesimo, la costruzione si eleva per 50 piani, creando una leggera sensazione di vibrazione e un apparente effetto di sviluppo senza soluzione di continuità. L'elegante leggerezza formale dell'edificio è accentuata dalla pianta stretta e lunga che concentra le zone di distribuzione alle estremità, in corrispondenza degli ascensori, lasciando completamente libera la parte compresa tra le due facciate. Ordinatamente allineate alle vetrate, in modo da sfruttare al meglio la luce naturale, le postazioni di lavoro disegnano uno spazio operativo razionale e confortevole; al centro, gli elementi di partizione vetrati e schermati definiscono gli uffici direzionali e le sale riunioni.

Intesa Sanpaolo

Torino, 2015

Architectural project
Progetto architettonico
Renzo Piano Building Workshop

Interior design/Progetto d'interni
Michele de Lucchi,
Pierluigi Copat Architecture

Located on the edge of the historic center of Turin, the new tower hosting the headquarters of Intesa Sanpaolo stands out against the backdrop of the Alps, changing the contour of the city skyline. Despite its considerable size, the luminescent white structure appears lightweight and almost immaterial, while at the same time constituting a strong new feature in the urban landscape. The building was conceived according to the most advanced research into sustainability and presents itself as an elaborate social and environmental laboratory and community hub. The project for the interiors is characterized by exclusive custom furnishing solutions that define high-quality workspaces in a luminous and welcoming environment. The workstations feature the same type of table on every floor, as well as for the conference rooms. Enhanced by minimalist design and elegant natural finishes, each of the large tables is supported only by a central column, firmly fixed under the raised flooring and with accommodation for cable housing. As a result, the tables appear to float as if suspended in mid-air. Groups of compact, double-sided containers complete the workstations while subdividing the spaces into individual islands.

Situata ai margini del centro storico di Torino, la torre che ospita il nuovo centro direzionale Intesa Sanpaolo si erge sullo sfondo delle Alpi e ridisegna lo skyline della città. Leggera e quasi immateriale, nonostante la notevole mole, la struttura bianca e luminescente del grattacielo si impone nel paesaggio come nuovo landmark urbano. L'edificio, concepito secondo i più avanzati criteri di sostenibilità, si presenta come una sorta di laboratorio ambientale e sociale capace di porsi come nodo d'interesse collettivo. Il progetto degli interni, caratterizzato da esclusive soluzioni di arredo eseguite su disegno, definisce un ambiente luminoso, confortevole e di grande qualità spaziale. Le postazioni operative sono risolte con un'unica tipologia di tavolo che si ripete a ogni piano, anche per le sale riunione. Qualificati da un design essenziale e da raffinate finiture naturali, i tavoli di grandi dimensioni, sorretti da un'unica colonna centrale cablata e saldamente ancorata sotto il pavimento sopraelevato, sembrano volare leggeri come piani sospesi nel vuoto. I blocchi compatti dei contenitori a doppio affaccio che completano le postazioni suddividono gli spazi tra le isole.

Rolex Learning Center

Lausanne, 2009

Architectural project and interior design
Progetto architettonico e d'interni
Kazuyo Sejima + Ryue Nishizawa / SANAA

Part of the campus of the École Polytechnique Fédérale de Lausanne (EPFL), the Rolex Learning Center is an international cultural institution incorporating a large library with more than 500,000 volumes, education spaces, offices, study areas, relaxation and break areas, a coffee shop and a restaurant. Constructed using advanced and innovative techniques, the complex is shaped as a huge wave-like glass and cement slab that barely touches the ground—a light, floating structure consisting of a series of extreme, polymorphic curvatures that define the various areas of the building, including outdoor spaces. On a similar note, the interior spaces are designed to create a sensual, enveloping landscape, free from obstacles and partition elements. A permeable, unitary and harmonious environment, lit by a uniform ethereal light.

Realizzato nel campus dell'EPFL École Polytechnique Fédérale de Lausanne, il Rolex Learning Center è un'istituzione culturale internazionale che accoglie una grande biblioteca con oltre 500.000 volumi, aree di formazione, uffici, spazi per lo studio, zone per il relax e le pause, caffetteria e ristorante. Costruito con tecniche evolute e innovative, il complesso si presenta come un'immensa lastra ondulata di cemento e vetro, che si sviluppa sinuosamente toccando terra solo in alcuni punti. Una struttura leggera e fluttuante composta da un insieme di curve polimorfe e tese all'estremo che delimitano gli spazi differenziati dell'edificio, anche all'aperto. Allo stesso modo, il progetto degli interni definisce un paesaggio architettonico seducente e coinvolgente, privo di ostacoli ed elementi di partizione. Un ambiente permeabile, unitario e omogeneo, qualificato da una luminosità uniforme e diafana.

And then there are the cases in which the design and the layout of the furnishings embody the need for new, beneficial behaviors: as with the Novartis campus in Basel, where Pierluigi Cerri and Alessandro Colombo resolved the lack of communication between researchers by creating an open space, a sort of huge living room, around a large staircase. In this way, encounters and exchange between colleagues become almost forced, thereby generating a virtuous inversion of tendency with respect to the usual notions of isolation and privacy.

And then, how could the Malta Parliament building be evaluated without its desks and chairs that, experimentally designed with a minute automation mechanism, facilitate the work of the representatives of the people?

From Sydney to Milan, London, Paris, and New York, the cases documented here help understand the complexity of our work across the range of its applications. Throughout the world, these embody a very special trait of the Italian way of working, still largely based on the personalization of the furnishings: an approach that is the pride of, and a valuable asset to, the country's industry.

Poi ci sono i casi in cui il disegno e la distribuzione dell'attrezzatura interpretano la necessità di nuovi comportamenti virtuosi: come nel campus della Novartis a Basilea, dove Pierluigi Cerri e Alessandro Colombo si propongono di risolvere la mancanza di comunicazione tra i ricercatori costruendo attorno a una grande scala un luogo aperto come un salotto, dove l'incontro e lo scambio tra persone diventa quasi obbligato, generando così una virtuosa inversione di tendenza rispetto agli abituali canoni dell'isolamento e della privacy.

Ancora, a Malta, come potrebbe essere valutata la sala del Parlamento se non guardando ai banchi e alle sedute, sperimentalmente disegnate in un minuto meccanismo di automazione che rende chiaro e facile il lavoro dei rappresentanti del popolo?

Da Sydney a Milano, a Londra, a Parigi, a New York: i casi qui documentati aiutano a comprendere la complessità del progetto in tutta la gamma delle sue estensioni sensibili. Alle diverse latitudini, mettono in chiaro una peculiarità dell'approccio italiano ancora largamente fondato sulla personalizzazione dell'attrezzatura: orgoglio e *atout* dell'industria del Paese.

Stavros Niarchos Foundation Cultural Center

Athens, 2016

Architectural project / Progetto architettonico
Renzo Piano Building Workshop,
Studio Betaplan

The Stavros Niarchos Foundation Cultural Center is located in Kallithea, the historic Athenian seaport district on Faliro Bay. The site is formed by a vast park on an artificial hill. Its sloping surface culminates at the top in the Cultural Center complex, containing both the Opera House and the National Library. A public space, known as the Agora, provides access and connections between the two buildings. With its spectacular 360-degree views, the new construction establishes a strong relationship with the sea and with the rest of the city. Its design was conceived using the most advanced anti-seismic technologies and innovative solutions in terms of environmental sustainability, which resulted in a LEED Platinum rating. The panoramic terrace that forms the roof of the building is topped by the Energy Canopy, an aerial system of photovoltaic panels that supply most of the power needs. Lightness of form and functionality also characterize the interior architecture, where the offices, task areas, and meeting rooms are brilliantly created by partition systems and furnishings aimed at simplification and comfort.

Situato nel quartiere di Kallithea, storico porto ateniese sulla baia di Faliro, il complesso che ospita la sede della Stavros Niarchos Foundation è costituito da una collina artificiale e un vasto parco, la cui superficie inclinata si conclude nella grande struttura architettonica del centro culturale, formato dal Teatro dell'Opera, dalla Biblioteca Nazionale e da uno spazio pubblico, l'Agorà, che mette in relazione i due edifici. Aperta in una spettacolare vista panoramica, la costruzione stabilisce uno speciale rapporto visivo e ambientale con il mare e con il resto della città. Progettato sulla base delle più avanzate tecniche antisismiche e con soluzioni innovative in termini di sostenibilità ambientale (per le quali ha ricevuto la certificazione LEED Platinum), alla sua sommità il complesso si qualifica per la terrazza panoramica coperta dall'Energy Canopy, una struttura aerea in ferrocemento rivestita da pannelli fotovoltaici che assicurano la quasi totale autonomia energetica. Leggerezza formale e funzionalità caratterizzano anche il progetto degli interni, dove le zone operative, le sale riunioni e gli uffici sono brillantemente risolti con sistemi di partizione e di arredo orientati alla semplificazione e al comfort.

National and University Library
Strasbourg, 2014

Renovation and interior architecture project
Progetto di ristrutturazione e architettura d'interni
ANMA Agence Nicolas Michelin & Associés

Situated in the heart of the historic city center, the National and University Library of Strasbourg is a prestigious building erected in 1872, during the German government of the city, and has succeeded in maintaining its institutional, cultural, and architectural importance over time. In a recent redevelopment project the library was completely renovated with a contemporary architectural language, but one that is extremely respectful of its historical and monumental context. The large, full-height atrium below the dome, cleared of all superfluous and extraneous elements, has re-acquired a central role. With the insertion of a spectacular spiral staircase that winds dynamically around a bundle of steel support cables, and flooded by light from above, this volume provides access to the reading rooms on the various levels. The consultation spaces have been expanded by covering the interior courtyards with skylights. The clarity of the architectural layout is reflected in the furnishing project, decidedly oriented in the direction of lightness of form and maximum simplification and unity.

Situata nel cuore della città storica, la Biblioteca Nazionale e Universitaria di Strasburgo è un prestigioso edificio costruito nel 1872, durante il periodo di governo tedesco della città, e ha mantenuto nel tempo la sua importanza a livello istituzionale, culturale e monumentale. Interessato da un processo di riqualificazione, è stato completamente ristrutturato con un linguaggio architettonico contemporaneo ma estremamente rispettoso dell'impianto storico-monumentale. Ripulito di tutti gli elementi superflui e di disturbo, il grande spazio a tutta altezza sotto la cupola ha riacquistato un ruolo di centralità. Con l'inserimento di una spettacolare scala a spirale, che si sviluppa dinamicamente attorno a un fascio di tiranti metallici, questo volume, invaso dalla luce zenitale, distribuisce l'accesso alle zone di lettura disposte ai vari livelli, dove gli spazi di consultazione sono stati ampliati recuperando l'uso dei cortili interni con coperture vetrate. La chiarezza dell'impianto architettonico si riflette nel progetto degli arredi, decisamente orientati alla leggerezza formale e alla massima semplificazione e unitarietà.

Lend Lease

Sydney, 2016

Architectural project / Progetto architettonico
RSHP Rogers Stirk Harbour+Partners

Interior design / Progetto d'interni
Hassell Studio

The Lend Lease Corporation, an Australian multinational property developer, has its headquarters on the fourteenth floor of Tower Three of International Towers Sydney, the prestigious skyscraper complex designed by Rogers Stirk Harbour+Partners that imposes itself on the urban skyline with its striking technological connotations. Conceived based on the latest sustainability criteria, the building is an experimental ground for technical solutions aimed at the improvement of the interior environment and the wellbeing of its occupants. The same approach was taken for the design and furnishings of the offices. The meeting tables, in various shapes and sizes, and the open-space workstations, with fixed or height-adjustable top, all feature an exclusive structural solution consisting of a single central column (two in case of larger tables), complete with cable housing and firmly anchored to a steel base plate fixed below the raised flooring. The clean, minimalist design of these components combines ease of use with lightness of form.

La nuova sede di Lend Lease, multinazionale australiana attiva nel settore delle infrastrutture, occupa il livello 14 della Tower Three dell'International Towers Sydney, il prestigioso complesso di grattacieli progettato da Rogers Stirk Harbour+Partners, che si impone nello skyline urbano per la forte connotazione tecnologica delle costruzioni. Concepito secondo i più aggiornati criteri di sostenibilità, l'edificio sperimenta soluzioni tecniche finalizzate al miglioramento delle condizioni abitative della struttura e al benessere dei suoi occupanti. Linee guida progettuali perseguite e confermate anche nel disegno degli interni e degli arredi per gli uffici della società. I tavoli riunione di varie forme e dimensioni e le postazioni di lavoro a spazio aperto, con piano fisso o regolabile in altezza, si caratterizzano per l'esclusiva soluzione strutturale: sorretti da un'unica (due per gli elementi più grandi) colonna centrale cablata e saldamente ancorata al basamento fissato sotto il pavimento sopraelevato, queste componenti dal design essenziale associano comfort e grande leggerezza formale.

Novartis Pharma

Basel, 2012

Interior architecture / Architettura d'interni
Studio Cerri & Associati

The Basel headquarters of Novartis Pharma, the multinational pharmaceutical company, is distributed across a large campus with a number of architecturally impressive buildings that house the various types of offices and the company's research, development, and production facilities. The office space in consideration is characterized by an original design approach that centers on the vertical circulation. A monumental staircase puts the three floors in direct communication with each other, creating a common and obligatory passageway for everyone but also a pleasant place to stop and chat, making it easier for people to meet and fostering closer interaction. The workplaces, enhanced by elegant finishes and refined color schemes, were realized using flexible furnishing systems that permit each space to be configured according to its specific functional requirements. The conference rooms are enclosed by personalized glazed partition walls, ensuring privacy.

La sede di Basilea di Novartis Pharma, società multinazionale nel settore farmaceutico, è strutturata in un grande campus che comprende numerose costruzioni di interesse architettonico dove sono ospitati uffici di tipologie differenziate oltre ad attività di ricerca, sviluppo e produzione. Tra i vari spazi-ufficio, questo si caratterizza per l'originale impostazione progettuale che individua l'elemento centrale dello spazio nel collegamento verticale: una grande scala che mette in relazione i tre piani, un luogo di passaggio comune dove tutti sono obbligati a transitare ma hanno anche il piacere di sostare per due chiacchiere. In questo modo si favorisce lo sviluppo di nuovi e più intensi contatti fra le persone. Qualificati da finiture di pregio e raffinati accostamenti cromatici, gli ambienti di lavoro sono realizzati con sistemi di arredo flessibili che consentono di riconfigurare lo spazio secondo specifiche esigenze funzionali. Le sale riunione sono chiuse da pareti vetrate personalizzate che garantiscono la necessaria riservatezza.

From made-to-measure to standard product

Dal fatto su misura allo standard

From made-to-measure to standard product

"UniFor doesn't play the role of the architect but translates the architect's vision into reality." Anyone familiar with the UniFor factory in Turate recognizes in these words the mantra that explains the company's vocation more than any detailed analysis possibly could: UniFor strives to offer its customers not so much furnishings as a custom service. In the fifty years of its history, UniFor has learned to build and maintain a personal relationship with the architect based on mutual trust and communication.

By always putting the project at the center of every research process, UniFor knows that it can count on an enviable reservoir of talents and skills—a consolidated network of suppliers and artisans in the most diverse sectors—and on the possibility of involving extreme specialists in the various construction trades as necessary: for example, in the case of metalwork and precision mechanics; sometimes even from the aerospace sector.

In this way, a production chain of design activities is created, always based on the specificity of a place, an architecture, or a well-defined type: the workplace, obviously and above all, but also, almost as a consequence, the organizations and buildings that host research, study, and cultural activities. The project starts with an analysis of the architect's requests. The technical and production conditions are then studied more in depth, and the company's laboratories perform feasibility studies. All of the information gathered becomes an integral part of the design process. Thus a relationship is created based on profound empathy with the *deus ex machina* of the entire operation, that is, the architect.

Dal fatto su misura allo standard

"UniFor non fa la parte dell'architetto, ma traduce in realtà la visione degli architetti." Chiunque abbia pratica della fabbrica di Turate ha imparato a riconoscere in queste parole il mantra che, più di ogni altra dettagliata analisi, mette in chiaro la vocazione dell'azienda: offrire ai propri clienti un servizio su misura, più che un arredo fisso. Nei suoi cinquant'anni di storia, infatti, UniFor ha imparato a costruire e a gestire in prima persona l'interlocuzione con l'architetto, a scambiare e consolidare fiducia, reputazione, condivisione.

Partendo dalla centralità del progetto in ogni processo di ricerca, l'azienda sa di poter contare su un invidiabile serbatoio di abilità e di competenze – la consolidata rete di fornitori e di artigiani nei più diversi settori – e sulla possibilità di coinvolgere, quando occorra, specialisti estremi nelle varie costruzioni: nel metallo, nella meccanica di grande precisione, addirittura in qualche caso dal settore aerospaziale.

Nel tempo si è dunque determinata una filiera di atti progettuali che nascono però sempre dalla specificità di un luogo, da un'architettura, da una tipologia ben definita: lo spazio del lavoro, certo e innanzitutto, ma poi, quasi di conseguenza, anche quello delle istituzioni e degli edifici collettivi per la ricerca, per lo studio, per la cultura. Si parte analizzando le richieste del progettista, poi si approfondiscono le condizioni tecniche e di realizzazione, si attivano i laboratori aziendali per lo studio della fattibilità e ogni dato entra nel processo ideativo del progetto, ne diventa parte integrante, al punto da stabilire una profonda empatia con il *deus ex machina* dell'impresa, l'architetto.

Historic photo of the *Modulo3* system, designed by Bob Noorda and Franco Mirenzi and produced by UNIFOR EMME3.

Fotografia storica del sistema *Modulo3*, disegnato da Bob Noorda e Franco Mirenzi e prodotto da UNIFOR EMME3.

UniFor's knowledge, experience, and expertise are made available at the service of the idea: performing a sort of x-ray of the intentions, followed by a diagnosis of the aspirations. How do you make tables so thin that they are like strong plates of sheet-metal, where the joints disappear and their perfect execution is an automatic result of paying attention to the questions of aesthetics, perception, and comfort? How do you make perfect walls, where the edges between the solid portions and the door openings are resolved in a continuous whole that reduces noise, isolates the workspace, and subdivides the interior landscape with the constructive power of architecture? How do you build chairs and workstations that do not fall into the trap of the hyper-functional technological stereotype, but instead offer an alternative vision on the landscape necessarily filled with the objects and devices that support the work taking place in an office for so many hours of the day? How do you make the legs of tables and desks strong and stable in a way that makes the worktops appear to be miraculously suspended in space?

Le conoscenze accumulate si mettono a disposizione dell'idea: fanno una radiografia delle intenzioni, procedono a una diagnosi delle aspirazioni. Come si fanno tavoli sottili, simili a resistenti fogli di metallo, dove le giunzioni scompaiono e la perfezione esecutiva è il riflesso automatico di un'attenzione all'uso, all'estetica, alla percezione, al comfort? Come si realizzano pareti perfette, dove il rapporto tra il filo dei pieni e il taglio delle porte si risolve in una continuità che attutisce i rumori, isola lo spazio di lavoro e suddivide il paesaggio interno con la forza costruttiva dell'architettura? O ancora: come si costruiscono sedie e postazioni di servizio che non scadano negli stereotipi della tecnica iper-funzionale ma che, anzi, presuppongono uno sguardo alternativo al paesaggio determinato dalle macchine e dagli oggetti che circondano e sostengono, per molte ore di tante giornate, il lavoro d'ufficio? Come si fa a rendere sicure e stabili le gambe di tavoli e di scrivanie, in modo da farli apparire miracolosamente sospesi nel vuoto?

Modulo3 system, design Bob Noorda and Franco Mirenzi, rephotographed in the early 1980s for the new UniFor corporate identity curated by Pierluigi Cerri.

Sistema *Modulo 3*, design Bob Noorda e Franco Mirenzi, rifotografato all'inizio degli anni ottanta per la nuova immagine coordinata UniFor a cura di Pierluigi Cerri.

Sistema Misura

Michele Casaluci, Luca Meda,
Franco Mirenzi, Richard Sapper,
1973
(1986 **Misura St**)

Awards and honors
Premi e riconoscimenti

1976
Premio SMAU Industrial Design

1993
Rot Punkt, Design Zentrum, Essen

At the beginning of the 1970s, Michele Casaluci, Luca Meda, and Franco Mirenzi created *Misura*, based on the concept of the *Modulo3* system but updated in terms of materials, colors and combinations. The components of the system made it possible to organize individual workstations and large open-space areas. *Misura* was based on work surfaces supported by solid lateral panels, and only later adopted the system with groupable tops and double-T vertical supports. In the late 1970s, Luca Meda and Richard Sapper added sound-absorbing partition panels and in 1986 they presented *Misura St*: a new system of elements that was an update and enrichment of the previous one. Faced with the greater complexity of needs posed by the office environment, UniFor began offering a few standard elements that satisfied multiple uses and could be easily combined. The result was an elastic system capable of transforming itself over time in response to the rapid pace of machine replacement and changes in the contemporary office.

Agli inizi degli anni settanta, Michele Casaluci, Luca Meda e Franco Mirenzi disegnano *Misura*, un sistema che adegua in materiali, colori e combinazioni lo stesso concept di *Modulo3*. I componenti del sistema consentono di organizzare singole cellule tradizionali così come ampi open space. *Misura* nasce con piani di lavoro a spalla piena e solo successivamente adotta il sistema a piani aggregabili e supporti verticali a doppio T. Alla fine degli anni settanta Luca Meda e Richard Sapper progettano i pannelli divisori fonoassorbenti e nel 1986 presentano *Misura St*: un nuovo sistema di elementi volto ad aggiornare e arricchire il precedente. Di fronte alla maggiore complessità delle esigenze poste dall'ufficio, UniFor propone pochi elementi standard con prestazioni molteplici e facilmente combinabili tra loro. Il risultato è un sistema elastico capace di trasformarsi nel tempo in risposta ai rapidi ritmi di sostituzione delle macchine e ai mutamenti dell'ufficio contemporaneo.

These are the problems that UniFor's engineering department deals with on a daily basis, when architects arrive with their bundle of proposals, sometimes only rough sketches on paper or even just described in words. For example, when Jean Nouvel was preparing his tender for the Fondation Cartier in Paris: at first, as the UniFor staff recalls, he had only a rather vague drawing, with the dimensions of a table and a cabinet. In fact, Nouvel did not want a desk, he wanted a thin and lightweight table that would be suited to his new concept of an architecture of transparencies. Starting from the assumption of the thickness—he stipulated it at no more than 10 millimeters—UniFor needed to find a way to bend the sheet while maintaining a stable and efficient structure. A prototype had to be created based on the experiments, an artifact that could be seen, touched, and tested, even by Nouvel himself, using his empirical stratagem of climbing up and standing on it. This is the story of *Less*, but also of many of the other objects that appear on these pages. It is also the story of its—of their—transmigration. When elements of a system have completed their adventure into the office furnishing sector, they can also be proposed as an innovation in other and seemingly quite different fields, such as museums and art spaces.

Sono questi i problemi con cui, ogni giorno, l'ufficio tecnico di Turate si misura ogni volta che l'architetto arriva con il suo fascio di proposte, magari solo abbozzate su carta da disegno e persino, talvolta, solo descritte a parole. Come con Jean Nouvel, ad esempio, per la gara d'appalto della Fondation Cartier a Parigi: in partenza un disegno piuttosto vago – ricordano in azienda – con le dimensioni di un tavolo e di un armadio. Nouvel non voleva una scrivania, ma un tavolo sottile e leggero adatto alla nuova concezione della sua architettura di trasparenze. Partendo dal presupposto dello spessore – non più di 10 millimetri, raccomandava – bisognava trovare la maniera di piegare la lamiera, mantenendole una struttura stabile ed efficiente. Dagli esperimenti bisogna arrivare a un prototipo, un manufatto da vedere, da toccare, da testare, magari dallo stesso Nouvel, con l'empirico stratagemma di salirci sopra lui stesso. È la storia di *Less*, ma anche dei tanti altri oggetti che si presentano in queste pagine: è anche però il racconto della sua – della loro – trasmigrazione, quando s'intuisce che, dopo aver esaurito la sua avventura nel settore dell'arredo, un elemento del sistema può essere proposto, come un'innovazione, in altri ambiti, come quelli apparentemente assai lontani dei musei e degli spazi d'arte.

Master

Afra e Tobia Scarpa, 1976-1978

Awards and honors
Premi e riconoscimenti

1982
NeoCon Merit Award

The *Master* series was launched between 1976 and 1978 with the aim of creating a family of flexible furnishings for prestigious executive offices. The Scarpas designed a modular system of high-quality furniture that countered the ideal of the individual furniture piece and overcame the widespread antithesis between fine furniture and industrial production in series. Completed between the end of the 1970s and the beginning of the 1980s, it included rectangular, round, and elliptical tables that were modular not through simple juxtaposition but by structural interconnection. The system featured high-quality finishes and materials that recalled high-level craft traditions: the use of precious woods, leather coverings on the edges of the tables and other furnishings, and particular attention paid to the calibrated rounding of the edges and to the precision of the joints. The result was a system of unique pieces produced industrially by combining the sophisticated use of technologies with the traditional skills of the artisan.

La serie *Master* nasce tra il 1976 e il 1978 come famiglia di arredi flessibile per gli uffici direzionali di prestigio. Gli Scarpa progettano un sistema modulare di mobili di alta qualità, che si contrappone al mito del pezzo unico e supera l'antitesi diffusa tra mobili di pregio e produzione industriale in serie. Tra la fine degli anni settanta e l'inizio del decennio successivo la serie viene completata e include tavoli rettangolari, rotondi ed ellittici componibili non per semplice accostamento ma per interconnessione strutturale. Finiture di pregio e alta qualità dei materiali caratterizzano il sistema, rimandando a una tradizione artigiana di eccellenza: si utilizzano legni pregiati, i bordi di tavoli e mobili vengono rivestiti in pelle e si presta particolare cura alle calibrate arrotondature dei bordi e alla precisione delle connessioni. Il risultato è un sistema di pezzi unici prodotti industrialmente grazie all'uso sofisticato delle tecnologie e alla conoscenza della tradizione artigiana.

Progetto 25

Luca Meda, 1985

Awards and honors
Premi e riconoscimenti

1989 **Progetto 25/PL**
Office Design, EIMU Milano

1991 **Progetto 25.90/PL**
Office Design, EIMU Milano

1991 **Progetto 25.90/PL**
Selezionato per il XVI Premio Compasso d'Oro ADI

1992 **Progetto 25.90/PL**
IF, Industrie Forum Design "Best of Category"

2001 **Progetto 25/MPA**
IF, Industrie Forum Design Hannover

Presented for the first time at EIMU '85, *Progetto 25* was one of the first partition systems developed by UniFor. The aim was to create a typology of partition that could reveal its modularity through the overlapping of its exposed aluminum profile frames. The fitted walls organize and give hierarchy to spaces and also provide cabling channeling and distribution. An update, *Progetto 25.90*, was presented in the early 1990s. It included many additional elements (walls, shelving, tables, containers, etc.), proposed in a variety of materials, colors, and modular sizes for series production. With the increasing diffusion of "combi" offices, the system has been updated several times and in 2010 the integrated *Sincro* system was introduced, consisting of sliding glass doors with overlapping, glass-on-glass closure.

Presentato per la prima volta a EIMU '85, *Progetto 25* è fra i primi sistemi di partizione sviluppati da UniFor. Nasce dall'idea di riprendere una tipologia muraria capace di rivelare, attraverso la sovrapposizione di doghe metalliche, la propria componibilità: un muro attrezzato che raccoglie e distribuisce i cablaggi ed è capace di organizzare e gerarchizzare gli spazi. Nei primi anni novanta viene presentato *Progetto 25.90*: un aggiornamento nel quale sono aggiunti numerosi altri elementi (pareti, ripiani, tavoli, contenitori ecc.) e proposti molteplici materiali e colori, con dimensioni modulari per la produzione di serie. In seguito alla sempre maggiore diffusione degli uffici "combi", il progetto viene più volte adeguato e nel 2010 si introduce il sistema integrato *Sincro*, costituito da porte scorrevoli in vetro con movimentazione in sovrapposizione e chiusura a impacchettamento.

This approach takes patience and dedication. You must be able to get onto the same wavelength as your clients, without preconceptions, in the knowledge that every new project represents a new challenge. For instance, the *Modulo3*, an office system based on the complete modularity of its parts, has become a twentieth-century design icon of the English-speaking world. For the people who had made it the flagship product of more than a decade, the sudden shift in the direction of a "catalogue of objects" allowing the end-users to freely choose the pieces that would shape their own workspace, represented a considerable change. Nonetheless, it was a necessary change in order to keep up with the spirit of the times, when standardization had begun to feel more like a prison than a freedom.

This is where Nouvel's vision comes in, the vision he first explained by comparing interior architecture to the skyline of a spontaneous city and which he then developed by means of drawings and models. The complicity between the engineer (Piero Molteni) and the architect (Jean Nouvel) progressively unlocked a broad field of experimentation. It started with the question: what is an office space today? An ordered universe—like the world of "systems"—or a disordered "multiverse," as the behavioral anthropology of the new millennium might suggest? In 2012, a particular event ushered the project toward the finish line: Nouvel's special exhibition on the world of work staged by the Cosmit in Milan.

Un lavoro paziente, come si può immaginare, che implica la necessità di entrare nella stessa lunghezza d'onda del committente, e senza pregiudizi, perché ogni nuovo progetto nasconde una nuova sfida. Per chi aveva fatto dell'arci-sistema *Modulo3* – un'icona del design anglosassone, fondata sulla combinabilità del modulo – il cavallo di battaglia di più di un decennio, virare di bordo in direzione di un "catalogo di oggetti" in cui l'utente sia libero di scegliere a suo piacimento, in un'autodeterminazione del proprio spazio, è una svolta non da poco. Ma necessaria per stare dentro il sentimento di un tempo nuovo, in cui la standardizzazione è ormai avvertita più come una gabbia che una libertà.

Qui s'innesta la visione, ancora una volta di Nouvel, che si esplicita all'inizio nella teoria che assimila l'architettura d'interni allo skyline di una città spontanea e poi prende quota, lentamente, in disegni e maquette. Dalla complicità tra l'ingegnere – Piero Molteni – e l'architetto – Jean Nouvel – si apre progressivamente un campo di sperimentazione a largo raggio. Si parte da una domanda: cos'è oggi uno spazio d'ufficio? Un universo ordinato – come il mondo dei "sistemi" – o un "multiverso" disordinato, come suggerisce l'antropologia dei comportamenti nel nuovo millennio? È del 2012 l'accelerazione che fa decollare il progetto in una dirittura d'arrivo: una mostra al Cosmit di Milano sull'universo del lavoro.

Parigi

Aldo Rossi, 1989

Awards and honors
Premi e riconoscimenti

1991
IF, Industrie Forum Design Hannover

1992
Annual Design Review, ID

Designed in 1989 and presented at Designers' Saturday in the same year, the *Parigi* armchair is a highly functional response to the needs of the office environment, interpreted by Aldo Rossi as a domestic space for work. The project was born of a request to design furniture suitable for both the home and the office. The result is a simple object that takes its distance from high-tech allusions to efficiency. The architect's intent was clear from the very first sketches: to create a chair that appears to be made of wood but actually has rubber-like elasticity. This combination is in fact achieved in the *Parigi* armchair, which features an exposed frame in black-painted aluminum and seat and back in polyurethane foam with a red enamel finish. The chair and the two-seater sofa, both designed for Aldo Rossi's own studio in Milan, went into series production between 1990 and 1991. They have appeared in a number of projects and installations.

Disegnata nel 1989 e presentata al Designers' Saturday dello stesso anno, la poltrona *Parigi* risponde con grande funzionalità alle esigenze dell'ambiente-ufficio, interpretato da Aldo Rossi come spazio domestico per lavorare. Il progetto, infatti, nasce dalla richiesta di disegnare un arredo adatto alla casa e all'ufficio: la risposta è un oggetto semplice, lontano dai miti dell'efficienza. Fin dai primi schizzi, emerge l'intento dell'architetto di proporre una seduta che avesse l'apparenza del legno e la realtà elastica della gomma: un binomio è raggiunto nella poltrona *Parigi*, che presenta una struttura a vista in alluminio verniciata nera e un sedile e uno schienale in poliuretano espanso finiti in smalto rosso. Sedia e divano a due posti, progettati entrambi per lo studio milanese di Rossi, prendono poi la via della produzione seriale tra il 1990 e il 1991, entrando a far parte di varie realizzazioni e allestimenti.

Molteni decided to participate, helping his French friend give form to his dreams. In the 175 sqm set aside for the exhibition at the Salone del Mobile, the utopia became reality, even if ephemeral. But at this point, a collective strategy had been launched, and later that year *Cases* was ready to enter the age of industry. It was a hybridization of the office and the home, a fluid space with no rigid rules on how furniture could be used.

Kaleidoscopes of idiosyncrasies and personal poetics become intertwined with the experience of UniFor's staff in a test of patience, judgment, and technical skills. The result is never guaranteed, as it is a new experiment each time. The process begins, and everything that has been done before soon becomes the basis for what will be new in the near future. Thus, the project gives birth to the product. In fact, the product is almost never the result of abstract reasoning on forms—instead, it is the outcome of a vision of space based on an innovative approach to defining the boundaries of the new ways of using the work environment, a consequence of changing individual and collective behavior.

L'ingegner Molteni decide di entrare in gara e sostiene l'amico francese dando un corpo alle sue fantasie: e nei 175 mq del Salone del Mobile l'utopia diventa realtà, anche se effimera. Una strategia collettiva è stata avviata, però, e nel 2013 *Cases* sarà pronto per entrare nell'età dell'industria. Casa e ufficio si contaminano, si ibridano in uno spazio d'uso fluido, senza evidenti barriere di genere.

Il caleidoscopio delle idiosincrasie e delle poetiche personali s'intreccia all'esperienza del team aziendale, ne mette alla prova pazienza, misura, capacità tecnica di risposta. E il risultato non è mai scontato, anzi è ogni volta sperimentale. Il processo è innescato, dunque, e tutto ciò che è stato fatto prima diventa una base per ciò che potrà diventare il nuovo in un prossimo futuro. Così dal progetto nasce il prodotto: questo non è quasi mai il risultato di un ragionamento astratto sulle forme, ma l'esito di una visione spaziale che corrisponde a un'attitudine all'innovazione volta a definire il perimetro di nuovi approcci d'uso, in conseguenza dei comportamenti individuali e collettivi nell'ambiente di lavoro.

Consiglio table and *Museo* chair, design Aldo Rossi.
Tavolo *Consiglio* e sedia *Museo*, design Aldo Rossi.

Cartesio, Consiglio, Museo

Aldo Rossi, 1991-1994

Awards and honors
Premi e riconoscimenti

1996 **Cartesio**
IF, Industrie Forum Design Hannover

Cartesio, Consiglio and *Museo* define, together with the *Parigi* armchair, the ideal office according to Aldo Rossi and they are emblematic of his personal approach to architecture and furnishings. The *Cartesio* bookcase, designed for the spaces of the Bonnefantenmuseum in Maastricht, is composed of cubic boxes in painted sheet metal that can be combined at will. The modular bookcase is made stable by means of bracing and closed with a windowed facade: a "curtain wall" cut from a single sheet of plywood. The finish options were subsequently expanded and combined with a choice of two lively colors, China red or Madonnina blue. The *Museo* chair was also designed for the spaces of the Bonnefantenmuseum, while the *Consiglio* table was created in 1991 for Aldo Rossi's Milanese studio and was later used in Maastricht as well. It is a solid wood table with elementary forms and a structural design that allows it to exceed 3 meters in length.

Cartesio, *Consiglio* e *Museo* definiscono, insieme alla poltrona *Parigi*, l'ufficio ideale secondo Aldo Rossi e sono emblematici di un modo di pensare architettura e arredo. La libreria *Cartesio*, disegnata per gli spazi del Bonnefantenmuseum di Maastricht, è composta da scatole cubiche in lamiera verniciata che possono essere aggregate a piacere. La libreria componibile è resa stabile da una controventatura e chiusa da una facciata finestrata: un *curtain wall* ottenuto tramite la lavorazione di un solo pannello di compensato. Successivamente si ampliano le possibilità di finitura, che si accostano ai vivaci rosso Cina e azzurro Madonnina. Sempre per gli spazi del Bonnefantenmuseum è progettata la sedia *Museo*, mentre il tavolo *Consiglio* nasce nel 1991 per lo studio milanese di Aldo Rossi e viene successivamente utilizzato anche a Maastricht. Si tratta di un tavolo in legno massiccio di forma elementare, la cui concezione strutturale consente di superare i 3 metri di lunghezza.

Step by step, architect by architect, project by project, the catalogue of objects is created, the concrete results of an integral design experience.

Every project is a case in itself, just as every architect is an individual with an unmistakable profile. Aldo Rossi and Álvaro Siza: the poetics of nostalgia and the poetics of empathy. Two distant worlds, but made closer by the artisanal nature of their projects. It was Rossi's drawings, not any sort of reflection on types of space, that gave origin to the *Parigi* armchair—which quickly became a company icon—and the *Consiglio* table. And it was Siza's drawings, but also the exhibition devoted to his work at the Basilica Palladiana in Vicenza, that gave origin to *Régua*, a non-system based on three basic elements—a table, a bookcase and a chair. The *stimmung* of a space that has abandoned the myth of the superfluous exudes from the Portuguese architect's usual rigor, suggesting that, in the end, a home can be an office, and an office can also be a home.

Passo dopo passo, architetto dopo architetto, progetto dopo progetto, nasce così il catalogo degli oggetti: l'esito pulviscolare di un'esperienza di progettazione integrale.

Ognuno è un caso a sé, poiché ogni architetto ha il suo inequivocabile profilo. Aldo Rossi e Álvaro Siza: la poetica della nostalgia e quella dell'empatia. Due mondi distanti, ma resi vicini dalla natura artigianale del loro progetto: dai disegni di Rossi, e non da una sua riflessione sullo spazio di genere, nascono la poltrona *Parigi* – presto icona di fabbrica – e il tavolo *Consiglio*; dai disegni di Siza – e dalla mostra a lui dedicata alla Basilica Palladiana di Vicenza – nasce *Régua*, un sistema non-sistema basato su tre elementi primari – un tavolo, una libreria, una sedia – da dove, secondo l'usuale rigore del portoghese, trasuda la *stimmung* di uno spazio che ha abbandonato il mito del superfluo, suggerendo che in fondo una casa è un ufficio e un ufficio può essere anche lo spazio di casa.

Régua chair, design Álvaro Siza, and detail of the leg and curvature of the seat.

Sedia *Régua*, design Álvaro Siza, e particolare della gamba e della curvatura della seduta.

Régua

Álvaro Siza, 1999

Awards and honors
Premi e riconoscimenti

2001 **Tavolo Álvaro Siza**
IF, Industrie Forum Design Hannover

2004
EIMU 2004 Work&Emotion
Categoria Human Touch

2005
IF, International Forum Design
"Product Design Award"

2008
Segnalazione Compasso d'Oro
ADI XXI Edizione

Siza first designed the *Régua* table for his exhibition at the Basilica Palladiana in Vicenza in 1999, though at that time it did not yet have a name. The exhibition was a huge success and traveled to other locations, prompting the creation of possible variations, together with a bookcase that Siza decided to use for other projects. Both the table and the bookcase were put into production, defining the idea of the office according to Álvaro Siza: a simple, functional, and domestic space to work in. Both elements are characterized by simplicity of form and geometric rigor, attention to detail and a skilled use of materials. The table consists of a thin wooden top resting on a cantilevered frame in wood-covered tubular aluminum, and cylindrical legs in solid wood. The bookcase is closed with wooden doors that open with an overlapping pantograph mechanism.

Siza disegna per la prima volta il tavolo *Régua*, al tempo privo di nome, per l'esposizione alla Basilica Palladiana di Vicenza del 1999. La mostra, di grande successo, viene riproposta in altre sedi e per questo vengono studiate possibili variazioni e una libreria che Siza decide di usare in altre realizzazioni. Tavolo e libreria entrano poi in produzione, definendo l'idea di ufficio secondo Álvaro Siza: uno spazio essenziale, funzionale e domestico per lavorare. Entrambi gli elementi sono caratterizzati da semplicità formale e rigore geometrico, dalla cura dei dettagli e dall'uso sapiente dei materiali. Il tavolo è costituito da un sottile piano ligneo appoggiato a sbalzo su un cavalletto in tubolare di alluminio rivestito e dalle gambe arrotondate in massello, mentre la libreria a ripiani è chiusa con ante in legno che si aprono a pantografo, sovrapponendosi.

These are personal digressions, additional *machines à travailler* almost "sentimental" in nature, their performance almost bordering on the paradox. Among other examples of such objects are Richard Sapper's *Secrétaire* and Michele De Lucchi's *Secretello*, work-stations whose character is not so much private as intimate. Descended from illustrious Renaissance ancestors, they are humanistic writing desks designed to hold digital screens instead of tomes or scrolls.

Objects stolen from the personal world of idiosyncratic personalities, the individual pieces contained in the catalogue can be placed one atop the other or one next to the other, by addition and by stratification. Objects of the past and objects of the present form a whole in which they can enjoy a cordial coexistence, because it is true, after all, that the many paths that a project can take are simply expressions of the many paths of life. When an individual object emerges from the jumble of possibilities, with a bold personality that is both autonomous and applicable to a variety of situations, then—and only then—is it added to the catalogue, where it can assert its character and its readiness to enter into the spaces of others.

Sono divagazioni personali, altre *machines à travailler* di natura quasi "sentimentale". Di una misura, cioè, dove la prestazione d'uso rasenta il paradosso. Tra i molti esempi, *Secrétaire* di Richard Sapper e *Secretello* di Michele De Lucchi configurano postazioni mobili dal carattere addirittura intimo, più che solo privato. Scrittoi umanistici – scesi da illustri rappresentazioni rinascimentali – per sorreggere schermi digitali invece che volumi o pergamene.

Strappati, insomma, dal mondo privato di protagonisti così idiosincratici, i singoli elementi del catalogo si depositano uno sull'altro, o uno accanto all'altro, per addizione e per stratificazione: oggetti del passato e oggetti del presente formano un insieme dove possono coesistere con cordialità, perché le tante strade del progetto, in fondo, non fanno che esprimere le tante strade della vita. Solo quando emerge dalla mischia dei pensieri con una personalità autonoma ed estendibile ad altre situazioni, il singolo oggetto – allora e solo allora – è annesso al catalogo, facendo valere il suo carattere e la sua disponibilità a entrare negli spazi degli altri.

Secrétaire, design Richard Sapper, 1985-1989.

Secretello

Michele De Lucchi, 2015

Together with *Hatch*, *Secretello* offers a new, unusual, intimate, and domestic vision of the office space, which is seen as both a public and private sphere. Conceived as a modern workstation for autonomous activities, the desk aims to reinterpret and merge the theme of the showcase with that of the *secrétaire*, a furniture type already designed by Richard Sapper for UniFor in 1989 and later by De Lucchi himself with his *MDL System*. Conceived for domestic and studio environments, *Secretello* is made of wood and glass, combining elegant design with high-quality materials and finishes. The curved glass at the front lifts up, providing access to an enclosed space in which to store work and personal items.

Insieme ad *Hatch*, *Secretello* propone una visione nuova, inusuale, intima e domestica dello spazio-ufficio, che viene visto al tempo stesso come luogo pubblico e privato. Questa scrivania è concepita come una moderna stazione di lavoro, funzionale e autosufficiente, che vuole reinterpretare e fondere il tema della vetrinetta e quello del *secrétaire*, già studiato da Richard Sapper per UniFor nel 1989 e dallo stesso De Lucchi con il sistema *MDL*. Pensato per gli spazi domestici e di studio, *Secretello* è realizzato in legno e vetro, e combina un design elegante a materiali e finiture di pregio. La lastra curva in vetro apribile consente di individuare uno spazio interno in cui conservare documenti di lavoro insieme a oggetti personali.

Moodway

Fernando Urquijo, 2008
(Fernando Urquijo, Giorgio Macola, 1987-1988, **Mood**)

Awards and honors
Premi e riconoscimenti

1989 **Mood**
Goed Industrieel Ontwerp

1989 **Mood**
Product Design Award, IBD

1989 **Mood**
NeoCon Merit Award

1989 **Mood**
Annual Design Review, ID

1997 **Easy Mood**
IF, Industrie Forum Design Hannover

Presented in *Domus* in 1987, *Mood* is a family of furnishings conceived for individual workstations. Urquijo and Macola designed a complete series of elements for specific uses, characterized by attention to details and materials, with the aim of restoring to office furnishings the ancient tradition of furniture pieces, thereby endowing the work environment with a less anonymous appearance. The series was followed by *Easy Mood* in 1994, when the switch to postformed laminate entailed formal and structural changes, with the addition of new colors and containers. Urquijo designed *Moodway* in 2008, a series of executive furnishings with clean, minimalist lines, conceived to meet the needs of high-level work environments, boardrooms, and other prestigious spaces. These elements, like the previous ones, were designed to facilitate the use of technology in an unobtrusive manner and are characterized by high technological and ergonomic performance.

Presentata sulle pagine di "Domus" nel 1987, *Mood* è una famiglia di mobili studiati per gli uffici cellulari. Urquijo e Macola disegnano una serie di arredi compiuti, di uso definito: un progetto attento ai dettagli e ai materiali utilizzati, che vuole riportare l'arredamento per ufficio all'antica tradizione del mobile e proporre un'immagine meno anonima dell'ambiente di lavoro. Segue, nel 1994, la serie *Easy Mood*, rispetto alla precedente realizzata in laminato postformato, che presenta modifiche formali e strutturali oltre all'aggiunta di nuovi colori e contenitori. Nel 2008 Urquijo firma *Moodway*, un programma di arredi direzionali dal disegno rigoroso ed essenziale, progettato per rispondere alle esigenze di ambienti di lavoro di alto livello e spazi di rappresentanza. Questi elementi, come i precedenti, sono pensati per facilitare l'utilizzo di una tecnologia presente ma non invasiva e sono caratterizzati da elevati contenuti tecnici, prestazionali ed ergonomici.

iSatelliti

F&L Design, 1986
UniFor Design, 2018

In 1986, UniFor designed *iSatelliti*, a line of furnishings designed to accommodate the machines and equipment that were invading the home and workplace. The aim, with the early models, was to support the use of office equipment with simple, effective, discreet, and colorful objects. Subsequently, the *S/50* and *S/100* models were made available: a series of desks created for specific activities not adequately supported by generic furniture. The series then evolved into a true workstation and in the early 1990s UniFor began developing the *S/200* model, which was selected for a Compasso d'Oro in 1998. At the beginning of the new millennium, to meet the changing needs of the modern office, UniFor developed the models *S/180* and *S/260*, and later *S/200.90*. The latest version of the *S/200* was presented in 2018: the central column was eliminated while the top became rectangular again, permitting linear or island configurations.

Nel 1986 UniFor progetta *iSatelliti*: una linea di supporti pensati per accogliere macchine e attrezzature che hanno invaso case e ambienti di lavoro. Con i primi modelli, si vuole rispondere alle funzioni di ogni macchina con strutture semplici, efficaci, discrete e colorate. Vengono poi proposti i modelli *S/50* e *S/100*: vere e proprie postazioni finalizzate ad attività specifiche per le quali i mobili generici non forniscono prestazioni adeguate. La workstation rappresenta l'evoluzione della serie e, con gli anni novanta, si inizia a lavorare al modello *S/200*, che nel 1998 verrà selezionato per il Compasso d'Oro. All'inizio del nuovo millennio, per far fronte alle nuove esigenze degli spazi-ufficio, UniFor sviluppa i modelli *S/180* e *S/260* e, successivamente, il modello *S/200.90*. Nel 2018 viene presentata l'ultima versione dell'*S/200*, nella quale scompare la colonna centrale attrezzata e il piano torna a essere rettangolare, permettendo configurazioni lineari o a isola.

UNIFOR

Awards and honors
Premi e riconoscimenti

1988 **iSatelliti S/100**
Premio Office Design,
Orgatechnik Köln

1989 **iSatelliti**
Goed Industrieel Ontwerp

1989 **iSatelliti S/100**
IF, Industrieform Hannover

1989 **iSatelliti S/12**
Selezionato 22° Premio
SMAU Industrial Design

1989 **iSatelliti S/100**
Selezionato 22° Premio SMAU
Industrial Design

1989 **iSatelliti S/100**
Selezionato per il Premio
Compasso d'Oro ADI

1989 **iSatelliti S/10**
IF, Industrieform Hannover

1989 i Satelliti S/100 S/60
Product Design Award, IBD

1989 **iSatelliti S/100**
Annual Design Review, ID

1998 **iSatelliti S/200**
Segnalazione d'Onore
Compasso d'Oro ADI

2000 **iSatelliti S/200**
IF, Industrie Forum Design
Hannover

2002 **iSatelliti S/260**
IF, International Forum Design

2009 **iSatellitiS/200.90**
IF, International Forum Design

iSatelliti, detail of the height adjustable top
for positioning the screen, late 1990s – early 2000s.

iSatelliti, dettaglio del piano regolabile
in altezza per il posizionamento dello schermo,
fine anni novanta – inizio anni duemila.

iSatelliti by F&L Design, linear composition,
early 2000s.

iSatelliti di F&L Design, composizione lineare,
inizio anni duemila.

MDL System

Michele De Lucchi, Angelo Micheli, Giovanni Battista Mercurio, 2003-2004

Awards and honors
Premi e riconoscimenti

2005 **MDL**
IF, International Forum Design
"Product Design Award"

The *MDL System* is made up of lightweight, functional modular components designed to meet the need for greater flexibility in shared work environments, where a variety of situations coexist and alternate. The system consists of fully equipped individual desks, aggregated workstations in linear and facing configurations, meeting tables in various shapes and sizes, plus shelving and drawer pedestals. The task table stands out for its original shelf, which is equipped with lockable organizer trays and power outlets. In 2006, the *Home* desk was added to the system: a functional and self-sufficient modern workstation with high-quality finishes. Also suitable for domestic environments, it is a reinterpretation of the *secrétaire* in a contemporary key.

Il sistema *MDL* è costituito da componenti modulari, leggeri e funzionali, studiati per rispondere alle esigenze degli ambienti di lavoro contemporanei dove convivono e si alternano situazioni diverse. Il programma è composto da scrivanie singole attrezzate, postazioni operative aggregate in linea e fronteggianti, tavoli per riunioni di varie forme e dimensioni, mensole e cassettiere. Il tavolo operativo si distingue per l'originale mensola funzionale dotata di vassoi portaoggetti, chiusi con serrature e attrezzati di prese elettriche. Nel 2006 viene aggiunto al sistema anche lo scrittoio *Home*: una moderna postazione di lavoro realizzata con finiture di pregio, funzionale e autosufficiente, pensata per un utilizzo allargato agli ambienti domestici e volta a reinterpretare il tema del *secrétaire* in chiave contemporanea.

Less & LessLess

Jean Nouvel Design, 1994
(2012 **LessLess**)

Awards and honors
Premi e riconoscimenti

1994 **Less**
Selezionato per il XVII Premio Compasso d'Oro ADI

1994 **Less**
Apex Award, Interior Design Associates, New York

1995 **Less**
IF, Industrie Forum Design Hannover "Top Ten of the Year"

Created in 1994 for the spaces of the Fondation Cartier pour l'art contemporain in Paris, the *Less* series fully expresses the characteristics of Jean Nouvel's architecture. *Less* was designed to be the archetype of the table: an object so thin as to generate questions about its very nature and solidity. The elements of this series have been abstracted to the geometric essence of planes and parallelepipeds and then materialized in solid metal structures. Due to its formal characteristics and construction process, *Less* represents a solution for the contemporary office and not a response to problems of space. During the 1990s, UniFor expanded the series by offering new finishes and a bookcase. In 2012, about twenty years after the creation of the first *Less* table, the *LessLess* series was created. The concept remains the same but the development of advanced technologies and skilled industrial processing have made it possible to obtain pure volumes with even thinner aluminum surfaces.

La serie *Less* nasce nel 1994 per gli spazi della Fondation Cartier pour l'art contemporain a Parigi, e manifesta compiutamente i caratteri dell'architettura di Jean Nouvel. *Less* vuole essere l'archetipo del tavolo: un oggetto così sottile da generare domande sulla sua stessa natura e solidità. Gli elementi di arredo vengono astratti fino ad arrivare all'essenza geometrica di piani e parallelepipedi regolari, concretizzati in solide strutture metalliche. Qualità formali e costruttive rendono *Less* una soluzione per l'ufficio contemporaneo e non una risposta a un problema spaziale. Durante gli anni novanta, UniFor incrementa la serie proponendo nuove finiture e una libreria. Nel 2012, a circa vent'anni dalla realizzazione del primo tavolo *Less*, entra in produzione la serie *LessLess*: il concept rimane lo stesso ma, grazie allo sviluppo di avanzate tecnologie e sapienti lavorazioni industriali, si ottengono superfici in alluminio ancora più sottili e volumi puri.

Detail of the table of the *LessLess* series.
Dettaglio del tavolo della serie *LessLess*.

Tables of the *LessLess* series by Jean Nouvel Design and *Eames Aluminium Group* chairs by Vitra.
Tavoli della serie *LessLess* di Jean Nouvel Design e sedute *Eames Aluminium Group* di Vitra.

LessLess Color

Jean Nouvel Design, 2016

LessLess Color adds new components to the constant evolution of the *LessLess* series, with elements to complete the workstations and a range of eight different hues, the result of a carefully elaborated color project. The new tables and desks feature an exclusive work surface with an insert in Forbo linoleum, flush with the surface and in the same color as the aluminum structure. With *LessLess Color*, UniFor has developed a new image for the contemporary office, where the various elements can be combined with great compositional freedom even in terms of color. As Nouvel himself stated, "putting color back into our lives, especially in the workplace, means restoring the possibility of variety, relaxation, re-appropriating spaces, and achieving a measure of uniqueness and well-being. In short, color is more fun."

Programma di arredi in continua evoluzione, *LessLess Color* aggiunge alla serie *LessLess* nuovi componenti, volti a completare le postazioni lavoro, e una gamma di otto cromie frutto di un accurato progetto colore. I nuovi tavoli e le nuove scrivanie sono caratterizzati dall'esclusivo piano di lavoro che integra nella superficie l'inserto in Forbo linoleum realizzato nello stesso colore della struttura in alluminio. Con *LessLess Color*, UniFor propone un'immagine nuova dell'ufficio contemporaneo, dove i vari elementi si combinano con grande libertà compositiva anche a livello cromatico. Come sostiene lo stesso Nouvel, "reintrodurre il colore nelle nostre vite, specialmente nei luoghi di lavoro, significa reintrodurre la possibilità di diversificare, rilassarsi, riappropriarsi degli spazi, e raggiungere una dimensione di unicità e benessere. In breve, il colore è più divertente".

Flipper

Pagani e Perversi, 1995-1996

Awards and honors
Premi e riconoscimenti

1996
IF, Industrie Forum Design Hannover

1998
Compasso d'Oro ADI XVIII Edizione

In the mid-1990s it became apparent that the office was changing to meet the needs of changing ways of working. Furnishings with integrated cabling, designed to absorb every complexity, no longer responded to the requirements of the new work methods. The modular *Flipper* tables were created for dynamic, constantly changing environments. Because they were not designed for specific applications, they permit various possibilities of use. Minimal but complete, the elements can be grouped with ease, taking on functional complexity in compositions that draw on a wealth of available modules. In the initial scenario imagined by Pagani and Perversi, *Flipper* did not live alone but in symbiosis with the *Move* workstations, which completed it from a functional point of view. The system was later updated with new finishes, colors, and divider panels, and the possibility of adjusting the height of the work surface.

A metà degli anni novanta risulta ormai evidente come l'ufficio stia cambiando, adattandosi all'evoluzione del lavoro e dei suoi luoghi. Così il mobile cablato, capace di assorbire al suo interno ogni complessità, non può più rispondere alle esigenze delle nuove modalità operative. I tavoli modulari e componibili *Flipper* nascono per ambienti dinamici e mutevoli e consentono varie possibilità d'uso, essendo svincolati da modalità di impiego specializzate. Sono elementi minimi ma compiuti, che assumono complessità funzionale quando si aggregano con semplicità in composizioni che dai moduli disponibili traggono grande ricchezza. Nell'iniziale scenario immaginato da Luciano Pagani e Angelo Perversi, *Flipper* non vive da solo ma in simbiosi con le workstation *Move*, che lo completano dal punto di vista funzionale. Il sistema è stato poi aggiornato con nuove finiture, colori, pannelli divisori e la possibilità di regolare in altezza il piano.

Naòs

Pierluigi Cerri, 1993-1994

Awards and honors
Premi e riconoscimenti

1994
Selezionato per il XVII Premio Compasso d'Oro ADI

1994
IF, Industrie Forum Design Hannover "Best of Category"

At EIMU '93, as part of its solutions for the new "combi office," UniFor presented *Naòs*, a system designed for prestigious environments, devoid of the technology for its own sake that often turns furniture into wired machines. The system consists of desk tables in various shapes and sizes with frame in triangular-sectioned aluminum profiles and tops in glass or wood, wall panels that can be fitted with shelves or containers, and small cabinets on wheels, frontless or with tambour doors. *Naòs* was updated in 1994 with new elements and finishes capable of interpreting the changing ways of using the office space. In 2010, modular aluminum bookcases were added and the system was integrated with a composite top that was already included, in the sycamore wood version, in the options presented in 1996. *Naòs* remains in continuous evolution today.

A EIMU '93, nell'ambito delle soluzioni per i nuovi "combi office", UniFor propone *Naòs*, un sistema pensato per gli uffici di prestigio, liberi da quella tecnologia fine a se stessa che spesso trasforma i mobili in macchine cablate. È composto da tavoli scrivania in varie forme e misure con struttura in alluminio a sezione triangolare e piani in cristallo o legno, rivestimenti murali attrezzabili con mensole o contenitori e piccoli armadi su ruote a giorno o chiusi a tapparella. Nel 1994, *Naòs* si aggiorna con nuove proposte e finiture, in grado di interpretare l'evolversi delle modalità di utilizzo dello spazio-ufficio. Nel 2010 il sistema si arricchisce di librerie modulari in alluminio, integrate con un piano composito presente, nella versione in legno sicomoro, anche nelle boiserie presentate nel 1996. *Naòs* rimane a tutt'oggi un prodotto in continua evoluzione.

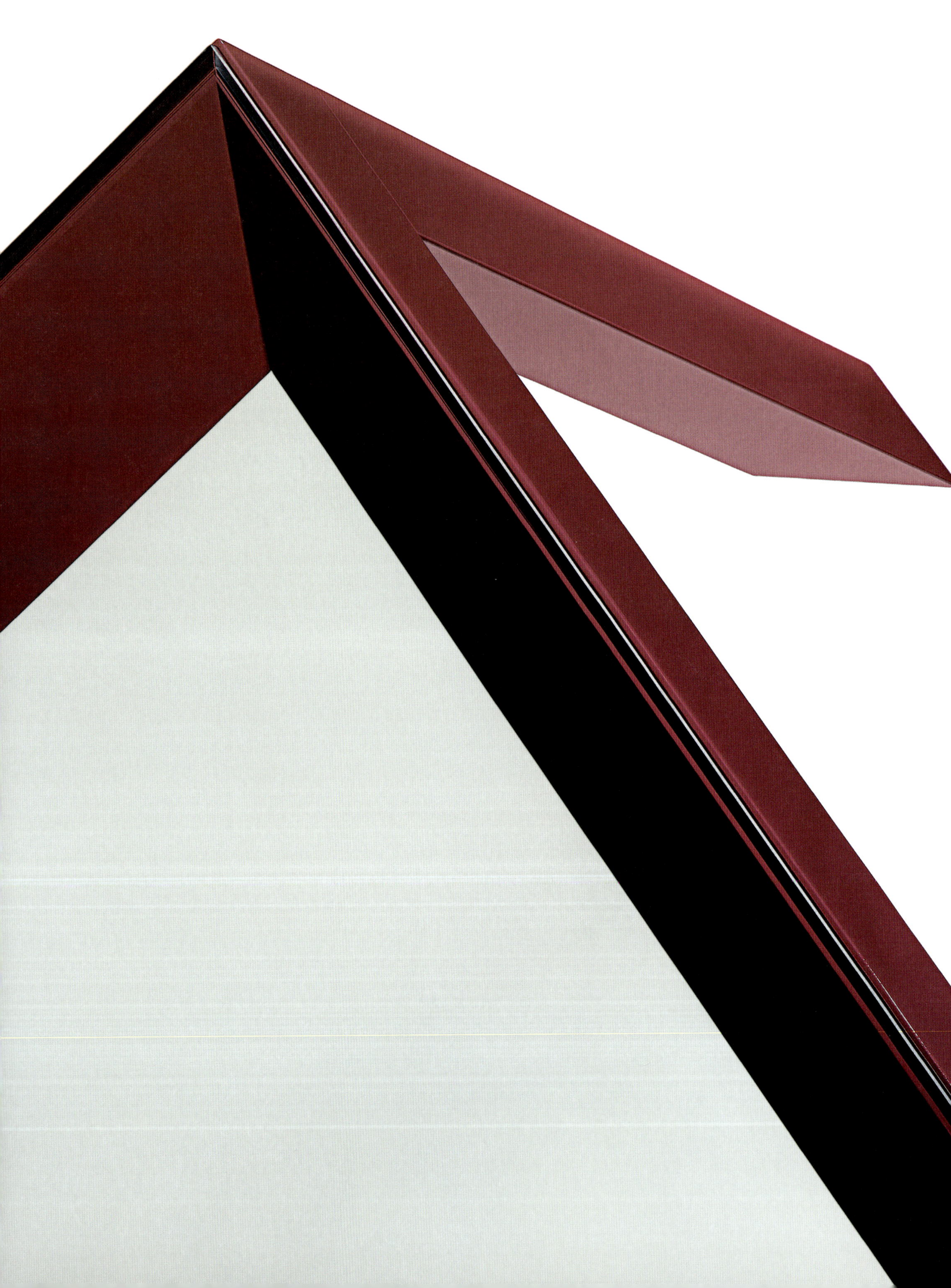

Detail of the corner of the *Naòs* table.
Dettaglio dello spigolo del tavolo *Naòs*.

Naòs table and bookcase, design Pierluigi Cerri.
Tavolo e libreria *Naòs*, design Pierluigi Cerri.

Naòs System

Studio Cerri & Associati, 2002-2003

Awards and honors
Premi e riconoscimenti

2003
IF, International Forum Design
"Gold Product Design"

2004
Compasso d'Oro ADI XX Edizione

Naòs System was created to define new work scenarios and organize simple, clean-lined environments where the widespread use of technology is never intrusive. Its presentation in the configuration of a study/library at Orgatec 2002 clearly emphasized the notions of efficiency, elegance, and diversity that had inspired its design. These qualities led to various honors, including the 2004 Compasso d'Oro. The system is articulated in three types of tables: the conference table, with a continuous, uninterrupted surface; the task table, with a translucent, illuminated divider panel; and the library table, with a lamp for direct lighting. A line of individual desks, conceived for managerial staff, executive offices, and small meeting rooms, completes the system. The same finishes, construction characteristics, and compartments for power and data connections are available for the individual and grouped workstations, giving unity and consistency to the entire system.

Naòs System nasce per definire nuovi scenari di lavoro e organizzare ambienti semplici e rigorosi, dove l'impiego diffuso della tecnologia non risulta invasivo. Fin dalla presentazione a Orgatec 2002 emerge, attraverso l'interpretazione di una biblioteca-studio, come il sistema si fondi su pratiche di diversità, efficienza ed eleganza. Queste qualità lo portano a ottenere vari riconoscimenti e nel 2004 il Compasso d'Oro. Il sistema si articola in tre tipologie: il tavolo riunioni, completamente libero; il tavolo operativo, dotato di schermo divisorio traslucido illuminato; il tavolo biblioteca, attrezzato con lampada a luce diretta. Completano il programma una serie di scrivanie singole, pensate per gli ambienti direttivi, gli uffici direzionali e le piccole sale riunioni. Finiture, caratteristiche costruttive e vani di servizio per l'alimentazione accomunano le postazioni singole e quelle aggregate, dando unità al sistema.

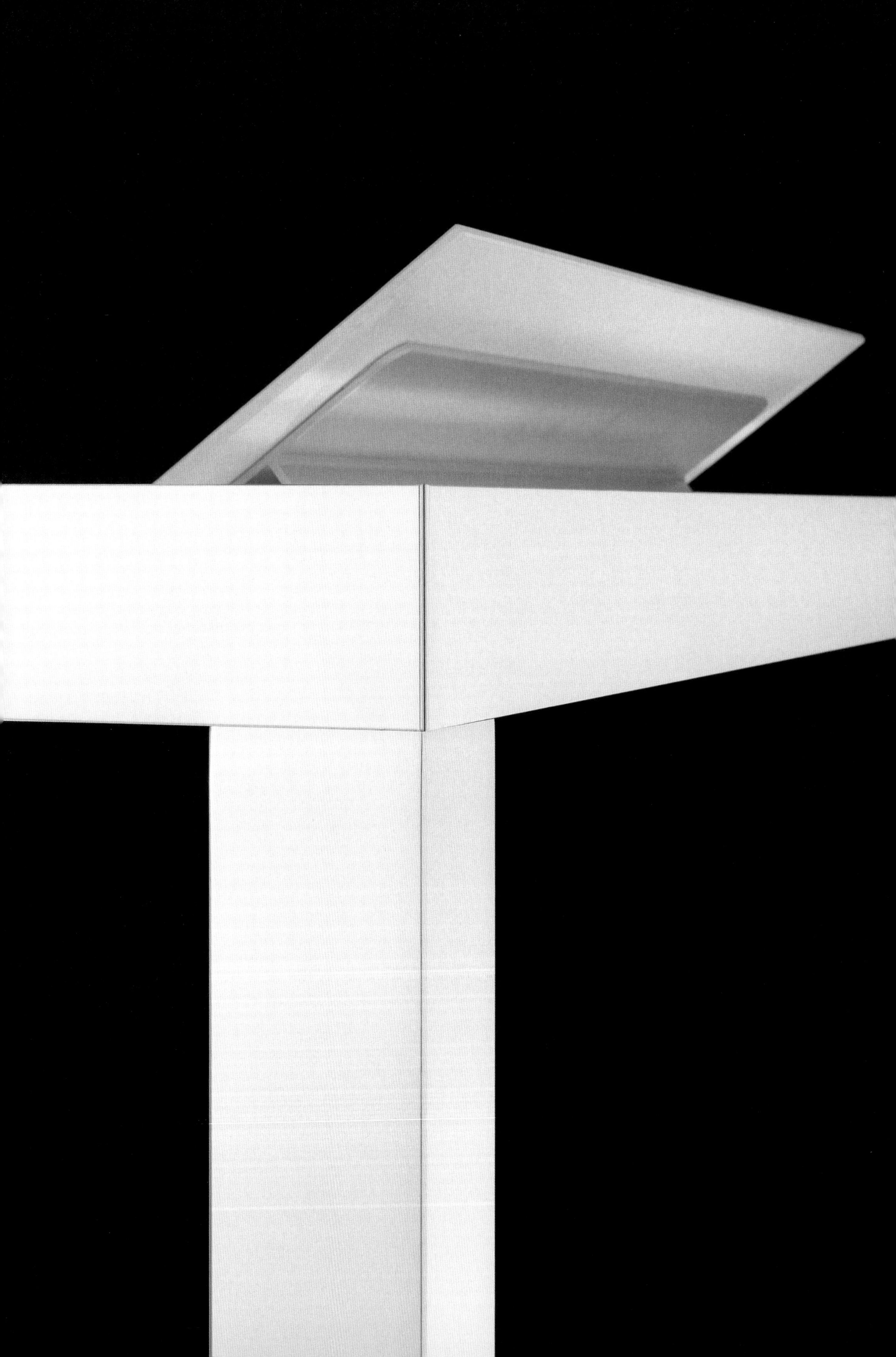

Detail of the top section of the *Naòs System* table with wiring system.

Dettaglio della parte superiore del tavolo *Naòs System* con il sistema di cablaggio.

Naòs System executive table, design Studio Cerri & Associati.

Tavolo direzionale *Naòs System*, design Studio Cerri & Associati.

Element Office Collection

Foster+Partners, 2014

The *Element Office Collection* is designed to interpret the needs of smart working and the fluid nature of the contemporary office, where the need for flexibility is increasingly evident. *Element 01* was born as a made-to-measure table for a private home and is now also produced for work environments. *Element 02*, presented together with the earlier version at Orgatec 2014, is designed to facilitate temporary activities, informal discussions, and group work. The large circular top can be raised by means of a telescopic central column, allowing use while standing or seated. *Element 03* is a very large table designed for meeting rooms and flexible collective spaces. It consists of a central module and a cantilevered element that can be combined to create tables of any length, capable of accommodating a large number of people.

Element Office Collection è pensata per interpretare le esigenze dello smart working e la natura fluida dell'ufficio contemporaneo, dove il bisogno di flessibilità risulta sempre più evidente. *Element 01* nasce come tavolo su misura per una residenza privata e viene poi prodotto anche per gli ambienti lavorativi. *Element 02*, presentato insieme al precedente a Orgatec 2014, è progettato per agevolare le attività temporanee, le discussioni informali e il lavoro di gruppo. Ampio e di forma circolare, il piano può essere sollevato, mediante un pilastro centrale, per consentire una fruizione in piedi o seduti. *Element 03* è un tavolo di grandi dimensioni pensato per sale riunioni e spazi collettivi flessibili. È costituito da un modulo centrale e da un elemento a sbalzo, che permettono di ottenere tavoli singoli di qualsiasi lunghezza e gestire un ampio numero di persone.

Detail of the *Element 03* table leg.

Dettaglio della gamba del tavolo *Element 03*.

Element 03, design Foster+Partners, large boardroom table for meetings and collective spaces.

Element 03, design Foster+Partners, il grande tavolo per riunioni e spazi collettivi.

Hatch

Michele De Lucchi, 2015

With *Hatch* and *Secretello*, Michele De Lucchi offered an original and unusual interpretation of the work environment. *Hatch*, which owes its name to the hatch mark drawing technique, was created to divide and organize spaces with great flexibility and transparency. It is composed of aggregated partition grids that incorporate doors, open shelving, desks, and sofas. The full-height elements include a structural portal with bookcase function, while the grid panels ensure visual permeability between the various areas of the office space. In the workstation configuration, obtained using low partition walls, one side of the grid structure wraps around the height-adjustable, accessorized desk, while the other side supports and encloses a sofa for guests.

Con *Hatch* Michele De Lucchi presenta un'interpretazione originale e insolita dell'ambiente di lavoro. *Hatch*, che deve il nome al tratteggio usato nel disegno, nasce per suddividere e organizzare gli spazi con grande flessibilità e trasparenza. È composto da partizioni grigliate aggregabili che incorporano porte, scaffali aperti, scrivanie e divani. Gli elementi a tutta altezza includono un portale strutturale con funzione libreria, mentre i pannelli grigliati garantiscono la permeabilità visiva tra le varie zone dello spazio-ufficio. Nella configurazione della postazione-ufficio, ottenuta tramite l'uso di pareti divisorie basse, un lato della struttura grigliata si avvolge attorno alla scrivania accessoriata e regolabile in altezza, l'altro lato sostiene e racchiude un divano per gli ospiti.

Move 010

Pagani e Perversi, 2010
(1994, **Move**)

Awards and honors
Premi e riconoscimenti

1996 **Move**
IF, Industrie Forum Design Hannover

1998 **Move**
Compasso d'Oro ADI XVIII Edizione

Move, presented at EIMU '93, is designed to accommodate the necessary multimedia equipment in meeting rooms, group work areas, or prestigious offices. Pagani and Perversi devised an easily movable, multi-purpose trolley, the height of which can be adjusted as needed. Composed essentially of a base and two lateral shoulders, it is designed to accommodate wiring and height-adjustable shelves. *Move* was later integrated and used together with other systems, including *Flipper* and *Mosaico*. At the end of the first decade of the 2000s, *Move 010* was introduced: flexible, functional and enhanced by extremely minimalist forms, these multi-purpose trolleys are designed to meet the needs of a work environment in constant evolution, where task and relational activities coexist.

Move, presentato a EIMU '93, è pensato per accogliere le apparecchiature multimediali necessarie nelle sale riunione, nelle aree di lavoro di gruppo o negli uffici di prestigio. Pagani e Perversi disegnano un carrello polifunzionale facilmente spostabile, che si sviluppa in altezza secondo le necessità, composto essenzialmente da una base e due spalle laterali studiate per i cablaggi e il fissaggio dei piani regolabili in altezza. *Move* viene poi integrato e utilizzato insieme ad altri sistemi, tra cui *Flipper* e *Mosaico*. Alla fine del primo decennio del nuovo secolo, viene introdotto *Move 010*: flessibili, funzionali e qualificati da un design estremamente essenziale, anche questi carrelli polifunzionali sono pensati per rispondere alle necessità di un ambiente in continua evoluzione, dove convivono attività operative e di relazione.

Pyramid

Dante Bonuccelli, 2018

In 2018, Dante Bonuccelli designed *Pyramid*: an integrated cable management system designed to provide workstations with a practical and rational solution for access to network connections. This system allows great flexibility and freedom in the choice of components. It can be adapted to multiple configurations and integrated with many of UniFor's furnishing systems. Providing workstations with outlets and cable management has always been an important issue for UniFor, and these features have been integrated into many of its products since the early 1970s, starting with the *Modulo3* system. In addition to providing immediate access to connections for electronic devices directly from the worktop, this cable raceway bar also serves as a divider screen that can be equipped with multiple accessories to optimize the work space.

Nel 2018 Dante Bonuccelli progetta *Pyramid*: un sistema di cablaggio integrato, pensato per risolvere in modo pratico e razionale la gestione dei cavi e delle connessioni di rete delle postazioni operative. Questo sistema permette ampia flessibilità e libertà nella scelta degli elementi componenti, adeguandosi a molteplici configurazioni e integrandosi ai numerosi sistemi dell'azienda. La connessione e l'elettrificazione delle postazioni è da sempre un tema importante per UniFor, che lo ha integrato in molti dei suoi prodotti sin dai primi anni settanta, a partire proprio dal sistema *Modulo3*. In aggiunta, questa barra tecnologica elettrificata, oltre a garantire il collegamento immediato dei dispositivi elettronici sul piano di lavoro, si propone come schermo divisorio, attrezzabile mediante molteplici accessori per ottimizzare lo spazio operativo.

Detail of the *Pyramid* system toolbar.

Dettaglio della barra tecnologica del sistema *Pyramid*.

Pyramid wiring system, design Dante Bonuccelli.

Sistema di cablaggio *Pyramid*, design Dante Bonuccelli.

Cases

Jean Nouvel Design, 1999-2013

In 1999, Piero Molteni asked Jean Nouvel to imagine a workspace that would be different from conventional office furnishing systems. Nouvel responded with an interpretation of the office as a spontaneous architecture that allows everyone to create their own personal environment through controlled improvisation, arranging and rearranging block-like elements and other components, and adding personal items. For Nouvel, *Cases* was a radical tribute to open spaces: a catalogue of objects—storage blocks, cubes, desk tops—as well as materials and colors to select and compose in total freedom and autonomy. The original project was developed until the year 2000 but it was not taken beyond the prototyping phase. It was resumed for the exhibition *Progetto: ufficio da abitare* for the Salone del Mobile 2013. Cases was put into production at the end of the same year.

Nel 1999 Piero Molteni chiede a Jean Nouvel di immaginare uno spazio di lavoro alternativo ai sistemi di mobili per ufficio tradizionali. L'architetto risponde con una visione dell'ufficio come architettura spontanea, dove ognuno può creare il proprio ambiente personale attraverso l'improvvisazione controllata, l'accumulazione di blocchi, il montaggio, lo smontaggio dei componenti e la collocazione di oggetti personali. *Cases* costituisce per Nouvel un manifesto radicale degli open space: una sorta di catalogo di oggetti (blocchi contenitori, cubi, piani di lavoro), materiali e colori da scegliere e comporre in totale libertà e autonomia. Il progetto viene portato avanti fino al 2000, ma non passa la fase di prototipazione. Viene poi ripreso in occasione della mostra "Progetto: ufficio da abitare" per il Salone del Mobile 2013 e, alla fine dello stesso anno, *Cases* entra in produzione.

Teamer

Michele De Lucchi
with/con Davide Angeli, 2016

Teamer was designed to interpret the needs of smart working and features a range of hidden technologies to offer its users both high functional performance and a sense of well-being. Using the image of a tree with its roots below the ground as a conceptual metaphor, De Lucchi created a large task table with a slender worktop that seems to float over a sturdy central trunk. The latter is composed of nested cylindrical elements that taper down from under the table to the base plate below the flooring. The table appears to have sprouted up from the floor, its top floating in thin air. The work surface is divided into three areas: the central portion, with four slightly extending workstations, is equipped with a special mechanism for sliding each side forward for access to cable housing; the two fixed ends are designed for informal meetings.

Pensato per interpretare le esigenze dello smart working, *Teamer* utilizza in modo diffuso la tecnologia nascosta che assicura a chi lavora sia elevate prestazioni funzionali sia un senso di benessere. Immagine di riferimento per la realizzazione di questo arredo sono le radici e la metafora dell'albero, interpretata da De Lucchi attraverso la realizzazione di un grande tavolo operativo con un piano sottile, che sembra fluttuare sopra un robusto tronco centrale composto da elementi cilindrici degradanti dal sottopiano alla piastra di fissaggio. Un tavolo che sembra spuntare dal suolo e volare leggero, un piano sospeso nel vuoto. La superficie di lavoro è suddivisa in tre zone: quella centrale, con quattro postazioni leggermente sporgenti, dotate di un meccanismo di scorrimento in avanti per accedere alla canalizzazione elettrica, e due laterali fisse studiate per riunioni informali.

Parete AP

Andrée Putman, 2002

Parete AP is a full-height partition system with an aluminum profile structure and continuous paneling without vertical uprights. The panels can be in double glazing, solid infill, or mixed configurations, depending on individual project requirements. The system is completed by swing doors with the same characteristics and can be integrated with a single or double-sided storage unit with sliding doors. *Parete AP* constitutes a complete partition system that is easily adaptable to a variety of requirements, as it can be reconfigured according to the needs and evolution of the office space. It has been used for major installations, including the headquarters of Richemont International in Bellevue and Campari in Sesto San Giovanni.

La *Parete AP* è un sistema di partizione a tutta altezza con struttura in profilati di alluminio e pannellature continue senza montanti verticali, che possono essere realizzate in doppio vetro trasparente e con tamponamenti ciechi, scelti a seconda dei singoli progetti o in configurazione mista. Il programma, completato da porte a battente con le stesse caratteristiche, offre la possibilità di integrare al suo interno un mobile contenitore ad ante scorrevoli, mono o bifacciale. Le *Pareti AP* costituiscono un sistema completo ben adattabile a molteplici esigenze di partizione tipologica, e possono essere riconfigurate secondo le necessità e l'evoluzione dello spazio-ufficio. Sono state utilizzate in importanti realizzazioni, quali la sede di Richemont International a Bellevue e Campari a Sesto San Giovanni.

Parete AP, detail of the aluminum profile structure and of the joint between the double glazing and the solid infill.

Parete AP, dettaglio della struttura in profilato di alluminio e del giunto fra doppio vetro e tamponamento cieco.

Parete AP used in the Philharmonie de Paris offices designed by Ateliers Jean Nouvel, 2014.

Pareti AP utilizzate negli uffici della Philharmonie de Paris progettata da Ateliers Jean Nouvel, 2014.

Parete RP

Renzo Piano, 2004

In 2004, Renzo Piano designed *Parete RP*, a full-height partition system with an aluminum profile structure, glazed or solid paneling or a combination of the two, and glazed or solid swing and sliding doors. The system is available in various articulations depending on project requirements and the type of building and incorporates cable raceways within its structure. Flexible and agile, it can be disassembled and reassembled to adapt to new situations. *RP* was not Renzo Piano's first reflection on the theme of the wall: as early as 1985, he was tasked with rethinking the office partition and came up with a very thin (though relatively heavy) wall which he called *Le Mur Mince*. An extremely smooth, multi-material partition system, it did not integrate directly with the other furnishings but only by means of juxtaposition.

Nel 2004 Renzo Piano disegna la *Parete RP*, un sistema di partizione a tutta altezza con struttura in profilati di alluminio e pannellature vetrate, cieche o miste, completo di porte a battente e scorrevoli in vetro o cieche. La *Parete RP* è realizzata in diverse modulazioni, in funzione delle esigenze del progetto o in relazione alla tipologia degli edifici, e include al suo interno i cablaggi. Il sistema è agile e può essere smontato e rimontato, adattandosi a nuove situazioni. *RP* non è tuttavia la prima riflessione dell'architetto sul tema del muro: già nel 1985 gli era stato affidato l'incarico di ripensare la parete-ufficio con un muro molto sottile e relativamente pesante. La sua risposta era stata *Le Mur Mince*, una partizione plurimaterica estremamente liscia, che non prevedeva possibilità di integrazione con l'arredo ma solo rapporti di sovrapposizione.

Parete SC&A

Studio Cerri & Associati, 2012-2013

Presented for the first time at Orgatec 2012 as a partition conceived for the Laboratorio UniFor, *Parete SC&A* was designed to convey an unusual vision of the office environment based on the use of full-height structural glass inserted between the raised floor and the false ceiling. This solution makes it possible to obtain continuous glazed surfaces by concealing the slide mechanisms and fixing devices. The *SC&A* modular partition system allows smooth, silent motion of the glass-on-glass sliding panels, preventing sudden movements of the overlapping panels when the partition is opened entirely. Transparency and flexible control of the openings permit the organization of permeable and adaptable environments, particularly suited to meet the dynamic needs of the contemporary office.

Progettata per trasmettere una visione inusuale dell'ambiente-ufficio e presentata per la prima volta a Orgatec 2012 come partizione per il Laboratorio UniFor, la *Parete SC&A* si basa sull'uso di vetri strutturali a tutta altezza, inseriti tra pavimento sopraelevato e controsoffitto. Questa soluzione permette di ottenere superfici completamente vetrate e nascondere i dispositivi di scorrimento e fissaggio. Il sistema di partizione modulare *SC&A* è composto da pannelli scorrevoli di chiusura in sovrapposizione, a pacchetto, che permettono movimenti silenziosi e graduali, senza bruschi scatti durante l'impacchettamento totale delle porte. Trasparenza e gestione elastica delle aperture consentono l'organizzazione di ambienti flessibili e permeabili, particolarmente adatti a rispondere alle esigenze di dinamismo dell'ufficio contemporaneo.

Valentina Marchetti

Stories of projects, products, and designers

Storie di progetti, di prodotti, di progettisti

Dante Bonuccelli was born in 1956 in Buenos Aires, where he graduated in architecture in 1979. In 1984 he moved to Milan and began collaborating with various architecture firms, developing projects for buildings and interiors, as well as working in the field of exhibition and industrial design. He has taught architectural composition at the Politecnico di Milano since 1996. In 1998 he founded Avenue Architects, an architecture and industrial design firm with projects in Italy, Asia, and America. IBM, Hoechst, Johnson Controls, Eni, Allianz, Ansaldo, the Vatican, Philips, Vodafone, Università Bocconi, Editoriale Domus, Davis, Schönbuch, Mobimex, Molteni&C, and Dada are some of his clients. The projects of Avenue Architects are widely published in books and magazines. He has been awarded numerous prizes for industrial design: Good Design Award 2008 and 2009, Compasso d'Oro Index 2004, 2005, 2009, and 2010, honorable mention 2011, Red Dot Design Award 2008 and 2009, Best of NeoCon 2009, Silver Award NeoCon 2007, EIMU–Premio Intelligent Space 2004, Interior Design's Best of Year Awards 2007, MD Magazine Best of 2011.

Pierluigi Cerri graduated from the Politecnico di Milano and is a founding partner of Gregotti Associati, with whom he has won numerous architectural competitions. In 1976 Cerri was responsible for the visual identity of the Venice Biennale; he developed the visual identities of the Kunst- und Ausstellungshalle in Bonn and Palazzo Grassi in Venice; he was editor of the periodicals *Casabella* and *Rassegna* and designed book series for the major publishing houses in Italy. He also designed various exhibitions at the most important museums in Europe, Japan, and the United States. Cerri developed the corporate identity of a number of organizations, including the Lingotto cultural centre in Turin, UniFor, Pitti Immagine, Prada and Cosmit. He has created objects and designed exhibitions for UniFor, B&B Italia, Poltrona Frau, Fontana Arte, Arflex, Molteni&C, Fusital, and Desalto. Among the honors he has received are three Compasso d'Oro awards in 1995, 2001, and 2004. In 1998, together with Alessandro Colombo, he founded Studio Cerri & Associati.

Michele De Lucchi (1951) was born in Ferrara, Italy. After graduating in architecture in Florence, over the course of the 1980s he consolidated his working relationship with Olivetti, having begun in 1979 thanks to Ettore Sottsass, who had entrusted him with the design of the office furnishing systems for the Synthesis division. In the same period, he began designing lamps and furnishing elements for the most prominent Italian and European companies. Making use of a design approach—both global and transversal—that sees architecture as an integrated system, he lent his skills to product design, furnishings, and graphics. Production of *Tolomeo*, his table lamp for Artemide, began in 1987 and resulted in his first Compasso d'Oro ADI award. He won a second Compasso d'Oro for his *Artjet 10* printer for Olivetti. In recent years he has developed numerous architectural projects for public and private clients and has curated many important exhibitions. He designs objects and small furnishings under the name Produzione Privata, collaborating with various artisans for their manufacture.

Designers

Dante Bonuccelli

Dante Bonuccelli nasce a Buenos Aires nel 1956 e si laurea in architettura nel 1979. Nel 1984 si trasferisce a Milano e inizia a collaborare con diversi studi d'architettura, curando la realizzazione di edifici, allestimenti, progetti di interni e di industrial design. Insegna composizione architettonica al Politecnico di Milano nel 1996. Nel 1998 fonda Avenue Architects, studio di architettura e industrial design con progetti in Italia, Europa, Asia e America. IBM, Hoechst, Johnson Controls, Eni, Allianz, Ansaldo, il Vaticano, Philips, Vodafone, Università Bocconi, Editoriale Domus, Davis, Schönbuch, Mobimex, Molteni&C, Dada sono alcuni dei suoi clienti. I progetti di Avenue Architects sono ampiamente pubblicati in libri e riviste. Numerosi i premi per il disegno industriale: Good Design Award 2008 e 2009, Compasso d'Oro Index 2004, 2005, 2009 e 2010, menzione d'onore 2011, Red Dot Design Award 2008 e 2009, Best of NeoCon 2009, Silver Award NeoCon 2007, EIMU–Premio Intelligent Space 2004, Interior Design's Best of Year Awards 2007, MD Magazine Best of 2011.

Pierluigi Cerri

Pierluigi Cerri (1939), laureato al Politecnico di Milano, è socio fondatore della Gregotti Associati con cui vince numerosi concorsi d'architettura. Nel 1976 dirige l'immagine della Biennale di Venezia; responsabile dell'immagine della Kunst- und Ausstellungshalle di Bonn e di Palazzo Grassi a Venezia; redattore delle riviste "Casabella" e "Rassegna"; cura il design di collane editoriali per le maggiori case editrici italiane; progetta diversi allestimenti nelle più importanti sedi museali in Europa, Giappone e Stati Uniti. È il responsabile della corporate identity del centro culturale del Lingotto di Torino, di UniFor, Pitti Immagine, Prada, Cosmit e molti altri. Ha disegnato oggetti e allestimenti per UniFor, B&B Italia, Poltrona Frau, Fontana Arte, Arflex, Molteni&C, Fusital, Desalto. Tra i vari riconoscimenti ricordiamo il Compasso d'Oro nel 1995, 2001 e 2004. Nel 1998 fonda con Alessandro Colombo lo Studio Cerri & Associati.

Michele De Lucchi

Michele De Lucchi (1951) nasce a Ferrara. Dopo la laurea in architettura a Firenze, nel corso degli anni ottanta consolida il rapporto con Olivetti, iniziato nel 1979 grazie a Ettore Sottsass, che gli aveva affidato i progetti dei sistemi d'arredo per ufficio della divisione Synthesis. Nello stesso periodo comincia a disegnare lampade ed elementi d'arredo per le più conosciute aziende italiane ed europee. Spaziando dal prodotto all'arredo alla grafica, il suo approccio al progetto - globale e trasversale - fa dell'architettura un sistema integrato. Nel 1987 esce la lampada da tavolo *Tolomeo* per Artemide, con la quale De Lucchi vince il primo Compasso d'Oro ADI; il secondo sarà per la stampante *Artjet 10* di Olivetti. Negli anni recenti ha sviluppato numerosi progetti di architettura per committenze private e pubbliche e curato l'allestimento di importanti mostre. Produzione Privata è il marchio con cui progetta oggetti e piccoli arredi, realizzati collaborando con maestranze artigiane.

Foster+Partners is one of the most innovative architecture and integrated design firms in the world. Since its foundation in 1967, it has promoted a sustainable approach to architecture, with a wide variety of projects: urban planning, public infrastructure, airports, residential and cultural buildings, offices and workplaces, private homes and product design. Creatively working together from the beginning of each project, architects and engineers combine their knowledge and skills to develop integrated solutions for sustainable design. Headquartered in London and with offices around the world—Abu Dhabi, Bangkok, Beijing, New York, Madrid, Buenos Aires, Hong Kong, New York, San Francisco, Dubai, Shanghai, and Singapore—Foster+Partners has an international reputation and projects on six continents. It has received more than 620 prizes and mentions for design excellence, including the Stirling Prize in 2018 for Bloomberg's London headquarters, and has won over 100 national and international competitions.

Foster+Partners

Foster+Partners è uno dei più innovativi studi di architettura e progettazione integrata del mondo. Dalla sua fondazione nel 1967, lo studio promuove un approccio sostenibile all'architettura, con una varietà di progetti molto ampia: pianificazione urbana, infrastrutture pubbliche, aeroporti, edifici civili e culturali, uffici e luoghi di lavoro, abitazioni private e product design. Lavorando insieme in modo creativo fin dall'inizio di ciascun progetto, architetti e ingegneri uniscono le loro competenze per elaborare soluzioni integrate di design sostenibile. Con sede a Londra e uffici in tutto il mondo – Abu Dhabi, Bangkok, Pechino, New York, Madrid, Buenos Aires, Dubai, Hong Kong, New York, San Francisco, Shanghai e Singapore – lo studio ha una reputazione internazionale e progetti in sei continenti. Ha ricevuto più di 620 premi e citazioni per l'eccellenza nel design, fra cui lo Stirling Prize nel 2018 per la sede di Bloomberg a Londra, e vinto oltre 100 concorsi nazionali e internazionali.

Luca Meda (1936–1998) was born in Chiavari, Italy, but grew up and studied in Milan, where he graduated from the Brera Art Academy. He continued his education in Germany at the Hochschule für Gestaltung in Ulm, one of the world's most prestigious design institutes. A crucial event in his career was his encounter with Aldo Rossi, with whom he opened a studio and participated in numerous competitions, for instance for the Museo di Storia Contemporanea in Milan. Architect but also designer, he skillfully combined these two spheres with creative verve in projects ranging from urban design to furnishings conceived to explore new functionalities. From the end of the 1970s, he devoted himself to the design of objects manufactured in series. He worked mainly for the companies of the Molteni Group, developing furnishings and partition systems that have become veritable design icons—the bookcase *Piroscafo* with Aldo Rossi, the chairs *Zim* and *Ho*, the armchair *Vivette*, and the sofa *Primafila* for Molteni&C; the kitchens *Banco* and *Nuvola* for Dada; the fitted wall systems *Progetto 25* and *P4* and the *Misura* furnishing systems for UniFor.

Luca Meda

Luca Meda (1936-1998) nasce a Chiavari ma cresce e studia a Milano, dove si diploma alla Scuola d'Arte di Brera. Prosegue poi gli studi in Germania, alla Hochschule für Gestaltung di Ulm, uno degli istituti di design più prestigiosi a livello internazionale. Cruciale nella sua carriera è l'incontro con Aldo Rossi, con il quale apre uno studio e partecipa a molti concorsi, come quello per il Museo di Storia Contemporanea di Milano. Architetto ma anche designer, lega sapientemente questi due ambiti della sua vivacità creativa: dai progetti urbani agli arredi concepiti per indagare nuove funzionalità. Dalla fine degli anni settanta si dedica al design e alla progettazione in serie. Lavora soprattutto con le aziende del Gruppo Molteni e concepisce una serie di mobili e sistemi di partizione divenuti vere icone del design, come la libreria *Piroscafo* con Aldo Rossi, le sedie *Zim* e *Ho*, la poltrona *Vivette*, il divano *Primafila* per Molteni&C; le cucine *Banco* e *Nuvola* per Dada; le pareti attrezzate *Progetto 25* e *P4* e il sistema di arredi *Misura* per UniFor.

Vittorio Magnago Lampugnani was born in Rome in 1951. An architect and architectural theorist, he studied architecture in Rome and in Stuttgart, where he completed his doctorate degree. Professor of architecture at Harvard, Frankfurt am Main and Pamplona, since 1994 he has taught History of Urban Design at the Swiss Federal Institute of Technology (ETH) in Zurich; since 2010 he has been the director of the Institute for the History and Theory of Architecture. Among the most important projects by his architecture firm in Milan: office building in Block 109, Berlin (1991–96); the square at the entrance to the Audi factory in Ingolstadt (1999–2000); urban planning of the Novartis campus in Basel's St. Johann neighborhood (2001); master plan for the Novartis campus, East Hannover (2002); Mergellina metro station, Naples (2004–11); restyling of the Danube river banks, Regensburg (2004); master plan of the Richti area, Wallisellen, Switzerland, including the planning of the open spaces and of a residential block with shops (2007). He has published a large number of articles and shown his work in numerous exhibitions.

Vittorio Magnago Lampugnani

Vittorio Magnago Lampugnani nasce a Roma nel 1951. Architetto e teorico del progetto, studia architettura a Roma e Stoccarda, conseguendo, dopo la laurea, il dottorato. Professore di architettura ad Harvard, Francoforte e Pamplona, ricopre dal 1994 la cattedra di Storia della Progettazione urbana presso l'Istituto Federale Svizzero di Tecnologia (ETH) di Zurigo; dal 2010 è preside dell'Istituto di Storia e Teoria dell'Architettura. Fra i progetti più importanti del suo studio di architettura a Milano si segnalano: edificio per uffici nel Blocco 109, Berlino (1991-1996); la piazza d'ingresso alla fabbrica Audi di Ingolstadt (1999-2000); pianificazione urbanistica del campus Novartis nel quartiere St. Johann a Basilea (2001); masterplan per il campus Novartis ad Hannover (2002); stazione della metropolitana di Mergellina, Napoli (2004-2011); restyling delle rive del Danubio a Regensburg (2004); masterplan dell'area Richti a Wallisellen in Svizzera, compresa la pianificazione degli spazi aperti e di un blocco residenziale con negozi (2007). Numerose sono le sue pubblicazioni di architettura e le mostre.

Angelo Mangiarotti (1921–2012) was born in Milan, where he graduated in architecture at the Politecnico di Milano. During the early 1950s he worked in the United States, where he met Frank Lloyd Wright, Walter Gropius, Mies van der Rohe and Konrad Wachsmann. Architect, designer, and urban planner, he earned international fame in the field of industrial design as well as thanks to his architectural projects, always focused on infrastructure, planning and structural engineering. He earned numerous awards both for his architectural and design projects, in Italy and abroad, often in collaboration with many important furniture companies. One of the founders of ADI, the Italian association for industrial design, Mangiarotti viewed architecture as a practical, rigorous, and functional art and considered industrial design an expression of artisan craftwork that must never be at the expense of function. For UniFor, Mangiarotti designed the company headquarters in Turate, which in 1989 received a Special Mention at In/Arch awards.

Angelo Mangiarotti

Angelo Mangiarotti (1921-2012) nasce a Milano, dove si laurea in architettura al Politecnico. Nei primi anni cinquanta lavora negli Stati Uniti dove conosce Frank Lloyd Wright, Walter Gropius, Mies van der Rohe e Konrad Wachsmann. Architetto, designer e urbanista, diventa famoso a livello internazionale per il disegno industriale ma anche per l'architettura legata alle infrastrutture, all'urbanistica e all'ingegneria strutturale. La sua attività progettuale e di collaborazione con molte importanti aziende di arredamento è contrassegnata da numerosi riconoscimenti, sia nel campo del progetto architettonico sia in quello del design, in Italia e in altri paesi. Uno dei fondatori dell'ADI–Associazione per il Disegno Industriale, ha una visione dell'architettura come un'arte pratica, sobria e funzionale; il disegno industriale è per Mangiarotti un'espressione di manualità dell'artigiano ma mai a discapito della funzione. Per UniFor ha progettato la sede dell'azienda a Turate, per cui ha ricevuto la Menzione speciale In/Arch nel 1989.

Jean Nouvel (1945) was born in Fumel, France. After graduation, working as an assistant to the architect Claude Parent and inspired by the urbanist and essayist Paul Virilio, he began his first works of architecture. He was a founding member of the movement Mars 1976 and later established the French Architecture Union. Nouvel's first approach to industrial design was born of a need to create objects for his architecture, for instance the table *Less*, manufactured by UniFor for the headquarters of the Fondation Cartier in Paris. Among his innumerable works: Institut du monde arabe in Paris; together with Fumihiko Maki and Norman Foster, three of the five towers for the Ground Zero reconstruction project in New York; the Torre Agbar in Barcelona; the Mariinsky Theater in St. Petersburg. He has received a number of prestigious prizes, French and international, including the Golden Lion at the Venice Biennale in 2000, the Royal Gold Medal of the Royal Institute of British Architects in 2001, and the Pritzker Architecture Prize in 2008.

Jean Nouvel

Jean Nouvel (1945) nasce a Fumel in Francia. Dopo la laurea, assistente dell'architetto Claude Parent e ispirato dall'urbanista e saggista Paul Virilio, inizia le sue prime esercitazioni di architettura; diventa un membro fondatore del Movimento Mars 1976 e in seguito istituisce la French Architecture Union. Il primo approccio di Nouvel al design nasce dall'esigenza di creare oggetti per le proprie architetture, come il tavolo *Less* prodotto da UniFor per la sede della Fondation Cartier a Parigi. Tra le sue innumerevoli opere: Institut du monde arabe a Parigi; insieme a Fumihiko Maki e Norman Foster, tre delle cinque torri del progetto di ricostruzione di Ground Zero a New York; la Torre Agbar a Barcellona; il Teatro Mariinskij a San Pietroburgo. Si aggiudica prestigiosi premi, francesi e internazionali, tra i quali nel 2000 il Leone d'Oro alla Biennale di Venezia, nel 2001 la Royal Gold Medal del Royal Institute of British Architects, nel 2008 il Pritzker Architecture Prize.

Luciano Pagani and Angelo Perversi (both 1950) graduated in architecture at the Politecnico di Milano. In the mid-1980s, they opened a practice where they developed industrial design, lighting design, architecture, and art direction. Among their most important architectural works are the headquarters of the newspapers *la Repubblica* in Rome, *Corriere della Sera* in Milan and Rome, and *Gazzetta dello Sport*. Their focused attention to the relationship between buildings and illumination led to the development of numerous lighting projects for art galleries, museums, and public buildings. In terms of product design, their studio has worked with a number of prominent international designers and companies such as Flos, Joint, FontanaArte, Zanotta, UniFor and Poltrona Frau. They have received two Compasso d'Oro awards: in 1987 for the *Hook System* modular bookcases designed for Joint, and in 1998 for their *Move* and *Flipper* office tables and containers produced by UniFor. They have been teaching at the Politecnico di Milano since 1999.

Luciano Pagani
Angelo Perversi

Luciano Pagani e Angelo Perversi (entrambi del 1950) si laureano in architettura al Politecnico di Milano. Fondano a metà degli anni ottanta uno studio associato dove affrontano tematiche di architettura, design, luce e art direction. Tra i lavori più rilevanti, a livello di progettazione architettonica, si segnala la sede romana della redazione de "la Repubblica"; le sedi del "Corriere della Sera" (Milano e Roma); la sede della "Gazzetta dello Sport". L'attenzione al legame tra architettura e luce porta gli architetti a realizzare numerosi progetti per gallerie d'arte, musei e palazzi pubblici. A livello di progettazione di prodotto, lo studio collabora con molti grandi nomi del design internazionale e aziende quali Flos, Joint, FontanaArte, Zanotta, UniFor, Poltrona Frau. Gli architetti hanno vinto due Compassi d'Oro: nel 1987 per le librerie modulari *Hook System*, per Joint; nel 1998 per i tavoli e i contenitori per ufficio *Move* e *Flipper*, disegnati per UniFor. Dal 1999 sono docenti presso il Politecnico di Milano.

Renzo Piano (1937) was born in Genoa. While studying at the Politecnico di Milano, he worked at the architecture firm of Franco Albini and, after graduating, he began experimenting with lightweight, mobile and temporary structures, making numerous trips to Great Britain and the United States for the purpose of research and investigation.
In collaboration with Richard Rogers, in 1971 he opened the firm Piano & Rogers, which won the competition for the Centre Pompidou in Paris, where Piano then made his home. Later he worked with the engineer Peter Rice, establishing the Atelier Piano & Rice. In 1981 he founded the Renzo Piano Building Workshop, with offices in Paris, Genoa, and New York. The structural rigor and lightness of form that characterize his projects also permeate his design work, including the *Parete RP* system for UniFor. He has been awarded numerous prizes over the years, including the Pritzker Architecture Prize in 1998. In September 2013, Renzo Piano was appointed senator for life by Italian president Giorgio Napolitano.

Renzo Piano

Renzo Piano (1937) nasce a Genova. Durante l'università, al Politecnico di Milano, lavora nello studio di Franco Albini e, dopo la laurea, inizia a sperimentare con strutture leggere, mobili e temporanee. Dopo aver compiuto numerosi viaggi di ricerca e di scoperta in Gran Bretagna e negli Stati Uniti, nel 1971 fonda a Londra lo studio Piano & Rogers in collaborazione con Richard Rogers, con cui vince il concorso per il Centre Pompidou di Parigi, città nella quale si stabilisce. Successivamente collabora con l'ingegner Peter Rice dando vita all'Atelier Piano & Rice; nel 1981 costituisce il Renzo Piano Building Workshop con sedi a Parigi, Genova e New York. Il rigore costruttivo e la leggerezza formale che caratterizzano i suoi progetti permeano anche le realizzazioni di design, fra le quali il sistema di partizione *Parete RP* per UniFor. Tra gli innumerevoli premi ricordiamo il Pritzker Architecture Prize nel 1998. Nel settembre 2013 Renzo Piano è stato nominato senatore a vita dal presidente della Repubblica Giorgio Napolitano.

Andrée Putman (1925–2013) was born in Paris, where she began a career in music. She first made contact with the design world while working at the magazines *Elle* and *L'œil* and at several advertising agencies.
In 1978 she founded the interior design firm Écart, soon earning a name for herself for her extremely refined harmony of forms, which became a point of reference for elegant shops and luxury hotels around the world, and for bringing affordable art and design to the Prisunic supermarket chain.
In the 1980s she created the world's first boutique hotel: Morgans in New York. These achievements led her along several eclectic paths: from the Musée des Beaux-Arts in Rouen to the CAPC in Bordeaux, the Guggenheim, and the Universal Exposition of Seville. She designed the interiors of the Concorde for Air France, *Parete AP* for UniFor, and the set for *The Pillow Book* by Peter Greenaway. Her most recent works include the restaurants Lô Sushi in Paris and Bastide in Los Angeles, an important silver flatware collection for Christofle, and a fragrance, *Préparation Parfumée*.

Andrée Putman

Andrée Putman (1925-2013) nasce a Parigi. Avviata alla carriera musicale, si avvicina al design collaborando con riviste come "Elle" e "L'œil" e con diverse agenzie di pubblicità. Nel 1978 fonda lo studio di interior design Écart, imponendosi per una raffinatissima armonia delle linee che è diventato il linguaggio di riferimento per la realizzazione di eleganti negozi di moda e alberghi di lusso in tutto il mondo e per l'introduzione di arte e design nei supermercati Prisunic. Negli anni ottanta crea a New York il primissimo boutique hotel, il Morgans. Tali conquiste la portano su percorsi eclettici: dal Musée des Beaux-Arts di Rouen al CAPC a Bordeaux, dal Guggenheim all'Esposizione Universale di Siviglia. Disegna gli interni del Concorde per Air France, la *Parete AP* per Unifor e il set per *The Pillow Book* di Peter Greenaway. Fra i suoi lavori più recenti, i ristoranti Lô Sushi a Parigi, Bastide a Los Angeles, un'importante collezione di argenteria con Christofle e la fragranza *Préparation Parfumée*.

Aldo Rossi (1931–1997) was born in Milan, where he graduated in architecture at the Politecnico di Milano. In 1970 he began teaching at several American universities, including Harvard and Yale. He held a number of prestigious positions, including director of the Architecture Section of the Venice Biennale in 1983, while dividing his architecture practice between public and private commissions. To mention just a few of his main projects: the residential building in the Gallaratese district of Milan, the cemetery of San Cataldo in Modena, the renovation of the Teatro Carlo Felice in Genoa, the city block between Kochstraße and Friedrichstraße in Berlin, the reconstruction of Teatro La Fenice in Venice, and the Bonnefantenmuseum in Maastricht. Architect and theorist, named Accademico di San Luca in 1979, winner of the Pritzker Architecture Prize in1990 and the Thomas Jefferson Medal in Architecture in 1991, Aldo Rossi is also famous for his work as a designer (collaborating with Alessi, Artemide, Longoni, Molteni&C, and UniFor) and as a painter and graphic artist—the latter being a field closely tied to his design work.

Álvaro Joaquim de Melo Siza Vieira (1933) was born in Matosinhos, Portugal. He studied at the School of Architecture in Porto, where, in the late 1950s, he opened his own firm. A visiting professor at prestigious international universities from the mid-1960s, he later devoted his teaching activities entirely to the faculty of architecture at the University of Porto. Among the numerous buildings he has designed are the Portugal Pavilion for Expo '98 in Lisbon (together with Eduardo Souto de Moura), the residential complex Bonjour Tristesse in Berlin, and renovation projects in the Chiado neighborhood of Lisbon. He has received numerous prizes and honors, including the Pritzker Architecture Prize in 1992, the Royal Gold Medal from the Royal Institute of British Architects in 2009, and the Golden Lion for Lifetime Achievement on the occasion of the 13th International Architecture Exhibition in Venice in 2012. He is a member of the American Academy of Arts and Sciences, as well as an Honorary Fellow of the Royal Institute of British Architects, the American Institute of Architects, the Académie d'Architecture de France, the European Academy of Sciences and Arts, and the American Academy of Arts and Letters.

In 1998, Pierluigi Cerri and Alessandro Colombo opened Studio Cerri & Associati, working in the fields of architecture, industrial design, exhibition design, graphic arts, interior design and naval design. Their work includes: in Milan, the renovation of Palazzo Marino alla Scala, the headquarters of E.Biscom, the Fondazione Arnaldo Pomodoro and the Triennale Bovisa; the new pavilions at the Fiera di Bologna; the restoration of Palazzo Rosso in Genoa; the UniFor offices in Milan, London, Sydney, Melbourne, and Toronto; the museum at the Domus del Chirurgo in Rimini; the Creative Center in Casalgrande; the project for the Triennale sites in Shanghai and New York, and the restoration of the Villa Reale in Monza. They have designed numerous museum exhibitions, trade fair installations and boutique shops in Europe, Japan, and the United States. Among the various awards won by the firm are the Gold Product Design award at the 2003 Industrie Forum Design in Hannover and the 2006 Ance-In/Arch National Prize.

Fernando Urquijo is an Argentine architect who graduated from the University of Buenos Aires, where he joined the teaching staff in 1964. Under the direction of Elliot Noyes, the Dean of the Harvard Graduate School of Design, he became the head of the architecture program for IBM Europe and participated in numerous projects, supervising such architects as Norman Foster, Jørgen Bo, and Renzo Piano. During this period he collaborated on an important research project focusing on employees' behavior in large offices in Europe. In 1985, with Gino Valle and Giorgio Macola, he opened a firm in Paris for the design of offices and headquarters: among their main clients, the Société Générale, Thompson, and Allianz. For UniFor he has designed various office furnishing systems. Urquijo has received numerous international prizes and honors and currently works between Paris and Buenos Aires.

Aldo Rossi

Aldo Rossi (1931-1997) nasce a Milano, dove compie la sua prima formazione presso il Politecnico. Dopo la laurea, nel 1970, comincia a collaborare con diverse università americane fra cui Harvard e Yale. Ricopre incarichi prestigiosi, come quello di direttore della Sezione Architettura della Biennale di Venezia nel 1983. La sua attività progettuale si divide tra edilizia privata e pubblica. Fra i suoi progetti principali si ricordano l'unità residenziale al quartiere Gallaratese di Milano, il cimitero di San Cataldo di Modena, la ristrutturazione del Teatro Carlo Felice di Genova, l'isolato tra Kochstraße e Friedrichstraße a Berlino, la ricostruzione del Teatro La Fenice di Venezia, il Bonnefantenmuseum a Maastricht. Architetto e studioso, nominato Accademico di San Luca nel 1979, insignito del Pritzker Architecture Prize nel 1990 e della Thomas Jefferson Medal in Architecture nel 1991, Aldo Rossi è noto anche per la sua attività di designer (collaborazioni con Alessi, Artemide, Longoni, Molteni&C e UniFor) e artista, passando per l'opera pittorica e grafica, da sempre legata alla sua attività progettuale.

Álvaro Siza

Álvaro Joaquim de Melo Siza Vieira (1933) nasce a Matosinhos in Portogallo. Studia presso la Scuola di Architettura di Porto, dove, alla fine degli anni cinquanta, apre un proprio studio. A metà del decennio successivo è visiting professor in prestigiose università internazionali, ma in seguito svolgerà la sua attività didattica solo al corso di architettura dell'Università di Porto. Tra le numerose realizzazioni ricordiamo il padiglione del Portogallo all'Expo '98 di Lisbona (con Eduardo Souto de Moura), il complesso residenziale Bonjour Tristesse a Berlino e gli interventi di ricostruzione della zona del Chiado a Lisbona. È stato insignito di numerosi premi e onorificenze, tra i quali il Pritzker Architecture Prize nel 1992, la Royal Gold Medal del Royal Institute of British Architects nel 2009 e il Leone d'Oro alla Carriera in occasione della 13a Mostra Internazionale di Architettura di Venezia nel 2012. È membro della American Academy of Arts and Science, membro onorario del RIBA, dell' AIA/American Institute of Architects, della Académie d'Architecture de France, della European Academy of Sciences and Arts, e dell'American Academy of Arts and Letters.

Studio Cerri & Associati

Nel 1998 Pierluigi Cerri e Alessandro Colombo danno vita allo Studio Cerri & Associati svolgendo la progettazione nei campi dell'architettura, dell'industrial, exhibit, graphic, interior e naval design. Fra le realizzazioni dello studio: a Milano la ristrutturazione di Palazzo Marino alla Scala, la sede E.Biscom, la Fondazione Arnaldo Pomodoro e la Triennale Bovisa; i nuovi padiglioni della Fiera di Bologna; il restauro di Palazzo Rosso a Genova; le sedi UniFor a Milano, Londra, Sydney, Melbourne e Toronto; il museo della Domus del Chirurgo a Rimini; il Creative Center a Casalgrande; il progetto delle sedi della Triennale a Shanghai e New York e quello di restauro della Villa Reale di Monza. Numerosi sono gli allestimenti per importanti musei, fiere e boutique in Europa, Giappone e Stati Uniti. Tra i vari riconoscimenti ricordiamo il Gold Product Design all'Industrie Forum Design 2003 ad Hannover e nel 2006 il Premio Nazionale Ance-In/Arch.

Fernando Urquijo

Fernando Urquijo, architetto argentino, si laurea presso l'Università di Buenos Aires, dove nel 1964 entra a far parte del corpo docente. Sotto la direzione di Elliot Noyes, rettore della Harvard Graduate School of Design, diventa responsabile del programma di architettura di IBM Europa partecipando a numerosi progetti, a capo di architetti quali Norman Foster, Jørgen Bo e Renzo Piano. In questo periodo collabora a una ricerca di fondamentale importanza sul comportamento degli impiegati in uffici di grandi dimensioni in Europa. Con Gino Valle e Giorgio Macola, nel 1985 apre a Parigi uno studio che progetta uffici e sedi per grandi committenti, quali Société Générale, Thompson e Allianz. Per UniFor ha disegnato diversi sistemi di arredo per ufficio. Ha ricevuto numerosi premi e riconoscimenti internazionali. Attualmente lavora tra Parigi e Buenos Aires.

Stories of projects, products, and designers

Storie di progetti, di prodotti, di progettisti

1970
Bob Noorda, Franco Mirenzi
Sistema Modulo3

1970_1976
Hotel Sant'Ambroeus, Milano
Residence Villa Bonelli, Roma
Hotel Touring, Chianciano
Hotel Sportiv Committee, Damasco
IBM Italia, Segrate
IBM England, Cosham
ITALCLASSE, Roma
Assicurazione d'Italia, Roma
Banca d'Italia, Caserta
Banca d'Italia, Piacenza
Banca Nazionale del Lavoro, Roma

1973
Michele Casaluci, Luca Meda, Franco Mirenzi, Richard Sapper
Sistema Misura

1975
Afra e Tobia Scarpa
Sedia Mix
Edward Larrabee Barnes
IBM America
Mount Pleasant, New York

1976_1978
Afra e Tobia Scarpa
Serie Master

1978
Afra e Tobia Scarpa
Controsoffitto Metastasio

1980
Afra e Tobia Scarpa
Mats

1984
Luca Meda
Pannelli PL

1984_1985
Banca Commerciale Italiana, Piazza Bianchi, Genova
Redazione "la Repubblica", Roma

1985_1987
Renzo Piano
Le Mur Mince

1985_1990
Luca Meda
Pareti attrezzate Progetto 25

1986_2018
F&L Design
Serie iSatelliti

1986
Luca Meda e Richard Sapper
Sistema Misura St

1987
Afra e Tobia Scarpa
Sedia Filo e Gruppo Mensa
Fernando Urquijo, Giorgio Macola
Serie Mood

1989
Aldo Rossi
Poltrona Parigi
Richard Sapper
Secrétaire
Luca Meda
Pareti attrezzate P4

1990
Aldo Rossi e Luca Meda
Poltrona Teatro, Teatro Carlo Felice, Genova (con Molteni&C)

1991
Aldo Rossi
Tavolo Consiglio
"Aldo Rossi par Aldo Rossi, architecte", a cura di Alberto Ferlenga, Centre Georges Pompidou, Parigi (con Molteni&C)

1993_1994
Pierluigi Cerri
Serie Naòs

1994
Fernando Urquijo
Serie Easy Mood
Luciano Pagani, Angelo Perversi
Sistema Move
Ateliers Jean Nouvel
Fondation Cartier pour l'art contemporain, Parigi
Jean Nouvel Design
Serie Less
Aldo Rossi con Umberto Barbieri, Giovanni da Pozzo e Marc Kocher
Bonnefantenmuseum, Maastricht (con Molteni&C)
Aldo Rossi
Libreria Cartesio e Sedia Museo (con Molteni&C)
Paul Chemetov, Borja Huidobro Gérard Liucci, Roberto Benavente
Grande Galerie de l'Évolution, Muséum national d'Histoire naturelle, Parigi

1994
Compasso d'Oro ADI XVII Edizione
Pierluigi Cerri
Immagine coordinata UniFor

1994_1995
"Tadao Ando: opere di architettura", Basilica Palladiana, Vicenza

1995_1996
Luciano Pagani, Angelo Perversi
Tavoli Flipper

1996
"Gabetti & Isola: opere di architettura", Basilica Palladiana, Vicenza

1997
"Sverre Fehn architetto", Basilica Palladiana, Vicenza
Fernando Urquijo
Sistema Easy

1998
"O. M. Ungers architetto", Basilica Palladiana, Vicenza
Compasso d'Oro ADI XVIII Edizione
Luciano Pagani, Angelo Perversi
Move/Flipper

1999
"Aldo Rossi, mostra antologica 1931-1999", a cura di Francesco Dal Co e Alberto Ferlenga, Triennale di Milano
Álvaro Siza
Tavolo e Sedia Álvaro Siza

1999_2000
"Álvaro Siza architetto", Basilica Palladiana, Vicenza

1999_2014
Museo Poldi Pezzoli, Milano

1999_2013
Jean Nouvel Design
Sistema Cases

2001
Renzo Piano Building Workshop
Centro Polifunzionale del Lingotto, Torino
"Toyo Ito architetto", Basilica Palladiana, Vicenza

2002
"Steven Holl architetto", Basilica Palladiana, Vicenza
Andrée Putman
Parete AP
UniFor Design
Parete Sincro
Andrée Putman
Natexis, Parigi

2002_2003
Studio Cerri & Associati
Naòs System

2003_2004

Michele De Lucchi, Angelo Micheli, Giovanni Battista Mercurio
MDL System

2004

Compasso d'Oro ADI XX edizione Studio Cerri & Associati Naòs System

"Campo Baeza alla luce del Palladio", Basilica Palladiana, Vicenza

Álvaro Siza
Serie Régua

Renzo Piano
Parete RP

2004_2018

Dante Bonuccelli
Libreria CF

2005

Hannes Wettstein
Sistema Plan

Studio Plantec
Sede Credit Saison, Tokyo

Cesar Pelli & Associates con STUDIOS architecture
Sede centrale Bloomberg, New York

Jean-Pierre Buffi con Roberto Benavente H+B DESIGN
Musée de la Préhistoire, Bordeaux

Alfredo Arribas Arquitectos Asociados
Nuova sede Ermenegildo Zegna, Barcellona

2005_2006

"Kazuyo Sejima + Ryue Nishizawa SANAA architetti", Basilica Palladiana, Vicenza

2006

Taller Arquitectura X
Alberto Kalach & Adriana León
Biblioteca Vasconcelos, Città del Messico

Gensler
ADCB
Abu Dhabi Commercial Bank, Abu Dhabi

Abboud Malak
DIFC International Financial Centre, Dubai

Fokkema & Partners Architecten
Ernst & Young, Rotterdam

Groupa Aukett
Sabic EuroPetrochemicals B.V., Sittard

Ateliers Jean Nouvel
Richemont International, Bellevue, Ginevra

Gregotti Associati International con Studio Cerri & Associati
Pirelli & C. Real Estate, Milano

2006_2014

Duliere & Dossogne con Roberto Benavente H+B DESIGN
Hôpital Notre-Dame à la Rose, Lessines

2007

Frank Gehry con STUDIOS Architecture
IAC InterActiveCorp, New York

LSM Lehman Smith McLeish
DLA Piper, Washington, DC
K&L Gates, Boston
K&L Gates, Washington, DC
LSM Lehman Smith McLeish, Washington, DC

ZDA Zanetti Design Architettura
Agnoli e Bernardi associati, Milano

Skidmore Owings & Merrill con TPG Architecture
Mansueto Ventures, New York

Studio A partner Marty Kapell
North Star, New York

Renzo Piano Building Workshop con Gensler
Torre del "New York Times", New York

Jean-François Bodin
Bibliothèque du Palais de Chaillot, Parigi

Arassociati
MAMbo Museo d'Arte Moderna di Bologna

Ateliers Jean Nouvel
Musée du Quai Branly, Parigi

MCM
Norton Rose, Londra

KPF
Unilever, Londra

2007_2008

"Due carpe: acqua/terra – villaggi/città. Fenomenologie", a cura di Kengo Kuma e Carlotta de Bevilacqua, Palazzo della Ragione, Padova

2008

Groupa Aukett
HQ di British Telecom, Amsterdam

Fernando Urquijo
Sistema Moodway

Heyligers Design + Projects
PCM INIT, Amsterdam

Norman Foster con Merkx & Girod
Ernst & Young, Amsterdam

Grafton Architects con Avenue Architects, Dante Bonuccelli
Università Commerciale Luigi Bocconi, Milano

2008_2010

MCA Mario Cucinella Architects
HQ 3M Italia, Pioltello

2009

Kazuyo Sejima + Ryue Nishizawa / SANAA
Rolex Learning Center, Losanna

Stilelibero. Salvatore Cozzolini e Francesca Russo
Studio notarile, Urgnano

Mario Botta, Giancarlo Marzorati con Progetto CMR
Nuova sede Campari, Sesto San Giovanni

Legorreta+Legorreta
Francesco Cortina con Paul Fitpatrick Halcrow
Carnegie Mellon University, Doha

General Planning
E.ON Italia, Milano

Byron Hartford & Associates
Sky Italia, Milano

Marcel Meili, Markus Peter Architekten Zürich
Sede Helvetia, Milano

Avenue Architects: Dante Bonuccelli, Morgan Orlandi e Anna Fiolka
Morningstar Italia, Milano

Perkins+Will con David Gresham, Archideas
Sede Morningstar Inc., Chicago

2009_2010

"Zaha Hadid. Mostra personale", Palazzo della Ragione, Padova

"Gabriele Basilico. Milano, ritratti di fabbriche 1978-1980" e "Mosca verticale 2007-2008", a cura di Umberto Zanetti, Spazio Oberdan, Milano

2010

Paolo Mantero Architetto
Sede Jacobs, Cologno Monzese

Onsitestudio, Luca Varesi e Angelo Lunati
Friem, Segrate

Kohn Pedersen Fox con Swanke Hayden Connell Architects
Sede AstraZeneca, Londra

WZMH Architects con Figure 3 Interior Design e Gensler
Sede Goodmans LLP, Toronto

Sizeland Evans, Carma, Calgary

2010_2014

Casabella Laboratorio, Milano

2011

Compasso d'Oro ADI XXII edizione UniFor. Protagonista del Design

Ateliers Jean Nouvel con LSM Lehman Smith McLeish
Sede K&L Gates, Londra

Antonio Citterio Patrizia Viel and Partners con M Moser Associates
Sede International Company Offices, Milano

EGO Group
CommonWealth Bank, Sydney

Ateliers Jean Nouvel
Hôtel de Ville, Montpellier

"Superurbano. Rigenerazione Urbana Sostenibile", a cura di Michele De Lucchi e Andrea Boschetti, Palazzo della Ragione, Padova

"La Bellezza nella Parola. Il nuovo Evangeliario Ambrosiano e capolavori antichi", Palazzo Reale, chiesa di San Raffaele e Galleria San Fedele, Milano

Jean Nouvel Design
Serie limitata Table au kilomètre

2012

Jean Nouvel Design
Serie LessLess

Fernando Urquijo
Postazioni Media

Cox Rayner con Hassell Studio
Uffici Gadens, Brisbane

M. Pimont
Uffici Louis Vuitton International, Parigi

Studio Cerri & Associati
Sede Novartis Pharma, Basilea

"Hokusai, Gakutei, Shinsai. Le stampe giapponesi di Frank Lloyd Wright", Museo Revoltella - Casabella Laboratorio Galleria d'Arte Moderna, Trieste

Taylor Smyth architects
Hudbay Mineral Telus Tower, Toronto

KPMB Architects con IBI Group
PWC PriceWaterhouseCoopers, Toronto

IBI Group
Sede Studio Hicks Morley, Toronto

2012_2013

Studio Cerri & Associati
Parete SC&A

2013

Labics, Claudia Clemente e Francesco Isidori
Mast Manifattura di Arte Sperimentazione e Tecnologia, Bologna

FJMT con BVN
Sede Herbert Smith Freehills, Sydney

Sauerbruch Hutton Cushman & Wakefield, Lamberto Agostini e Lucas Luzzi con Federica Pedroni
Hearst Magazine Italia, Milano

Hariri Pontarini Architects
Richard Ivey School of Business, Toronto

IBI Group
Lax O'Sullivan Scott Lisus, Toronto

Weirfoulds LLP, Toronto

EXIHS Excellent Italian Hospitality Services, Rho Fiera, Milano

"Álvaro Siza. Disegni e maquettes", Spazio Mostre Guido Nardi, Politecnico di Milano, Milano

Jean Nouvel
"Progetto: ufficio da abitare", Salone del Mobile 2013, Milano

2013_2014

"Design. La sindrome dell'influenza", a cura di Pierluigi Nicolin, Triennale Design Museum, Milano

2014_2018

Foster+Partners
Element Office Collection

2014

ANMA - Agence Nicolas Michelin & Associés
Biblioteca nazionale e universitaria, Strasburgo

Garretti Associati con DEGW L22
Alcatel-Lucent Italia, Vimercate

Ivo Pellegri
MFL Group, Lecco

Ateliers Jean Nouvel
Philharmonie de Paris, Parigi

Park Associati con Lombardini 22 Degw
Sede Nestlé Italia, Milano

"Luca Meda. La felicità del progetto", a cura di Nicola Braghieri, Rosa Chiesa, Serena Maffioletti e Sofia Meda, Triennale di Milano (con Molteni&C)

2015

Graber Pulver Architekten
Musée d'Ethnographie MEG, Ginevra

Foster+Partners con Debra Lehman Smith LSM
Covington & Burling LLP, Washington, DC

Renzo Piano Building Workshop con Antonio Belvedere
Nuovo Parlamento di Malta, La Valletta

Renzo Piano Building Workshop con Michele De Lucchi e Pierluigi Copat Architecture
Centro Direzionale Intesa Sanpaolo, Torino

Michele De Lucchi
Sistema Hatch
Scrittoio Secretello

Michele De Lucchi
"La Passeggiata", Salone del Mobile 2015, Rho Fiera, Milano

2015_2016

"Gabriele Basilico: ascolta il tuo cuore, città", a cura di Walter Guadagnini con Giovanna Calvenzi Padiglione UniCredit, Milano

2016

Michele De Lucchi con Davide Angeli
Tavoli Teamer

Jean Nouvel Design
Serie LessLess Color
Jean Nouvel Design, Parigi

François Debret, Felix Duban con ENSBA
Bibliothèque de l'École nationale supérieure des Beaux-Arts, Parigi

4BI & Associés Mobiliere Création Bruno Moinard Éditions
Nuova sede centrale Maison Balenciaga, Parigi

Renzo Piano Building Workshop, Studio Betaplan
Stavros Niarchos Foundation Cultural Center, Atene

Rhode Kellermann Wawrowsky RKW Architektur+Städtebau
HQ Douglas Holding, Düsseldorf

Eller+Eller Architekten
Flick Gocke Schaumburg, Bonn

Bill Dowzer – BVN Design Architect
McCarthy Tétrault, Vancouver

Herzog & de Meuron con Coima Image
Fondazione Giangiacomo Feltrinelli, Milano

RSHP Rogers Stirk Harbour + Partners con Hassell Studio
Lend Lease, Sydney

Unispace
Sede Unispace, Sydney

"XXI Triennale International Exhibition", a cura di Maddalena D'Alfonso, Museo Diocesano, Milano

"Ca' Brutta 1921 Giovanni Muzio Opera Prima", a cura di Giovanni Tomaso Muzi e Giovanna Calvenzi, Castello Sforzesco, Milano

2016_2017
"Jean Nouvel, mes meubles d'architecte",
a cura di Karine Lacquemant e Odile Fillion, Musée des arts décoratifs, Parigi

2017
Luciano Pagani e Angelo Perversi
Programma di tavoli Flipper FortyFive

Mario Botta con Studio aMDL, Michele De Lucchi e Nicholas Bewick
Sede UniCredit, Verona

BEHF Ebner Hasenauer Ferenczy ZT GmbH
Telegraf 7 J+P Immobilien, Vienna

Cushman & Wakefield, Lamberto Agostini, Maida Cattanco
Sede Sony Music, Milano

Cushman & Wakefield, Venancio Neiva, Lamberto Agostini, Maida Cattaneo
Philip Morris International, Bologna

Renzo Piano Building Workshop con Davis Brody Bond, Body Lawson Associates
Jerome L. Greene Science Center, Columbia University, New York

"Mario Carrieri. Amata Bellezza. Fiori e Visioni",
a cura di Alessandro Colombo, Triennale di Milano

2018
David Chipperfield
DCA/MPA Partition System

Gensler
Postazioni di lavoro Signum

Dante Bonuccelli
Sistema di cablaggio Pyramid
Sistema Wingspan

Michele De Lucchi
Sistema MDL Wood

OMA
Qatar National Library, Doha

ALA_Architects
OODI Helsinki Central Library, Helsinki

Arata Isozaki & Associates, Andrea Maffei Architects con Allianz, DEGW
Torre Allianz, Milano

MCM Interiors Let
Avigilon, Vancouver

"David Chipperfield Architects Works 2018",
Basilica Palladiana, Vicenza

Rodolfo Dordoni
Lounge System (produzione Molteni&C per UniFor)

Dante Bonuccelli
Panca attrezzata Password

2018_2019
Michele De Lucchi
"L'Anello mancante",
a cura di Margherita Guccione e Pippo Ciorra,
Museo MAXXI Roma

Pierluigi Cerri
"Picasso. Metamorfosi",
a cura di Pascale Picard,
Palazzo Reale, Milano